發展思考

大川隆法

Ryuho Okawa

讓無限財富
受你吸引而來的正向心法

台灣幸福科學出版有限公司

Contents | 目錄

前言

本書是在我宣導的幸福四大原理「愛的原理」、「知的原理」、「反省的原理」和「發展的原理」當中，以「發展的原理」為中心所著。

對於多數人所關心的富足、發展、幸福、成功等各個主題，我以不侷限於世間性的觀點，加入了心靈世界的解說。

本篇是我的成功理論自信之作，特獻給讀者。反覆閱讀可助你獲得真正的成功，並能體會到靈魂昇華的神秘感覺。

幸福科學集團創立者兼總裁

大川隆法

Chapter 1

何謂真正的富裕

第一章　何謂真正的富裕

一、以「佛」為中心的思考模式

幸福科學在成立第四年，一九九〇年的「五月研修」之際，已經是一個約有一萬五千人會員的團體。但我想應該沒有人預料到在那之後的僅僅一年，會員就超越了一百萬人。在一九九一年一月號的《幸福科學》月刊當中，揭示了「在一九九一年前要創造出一百萬名的會員」之目標，從常識來看，那是一個相當大的目標。然而，實際上，以話語樹立了如此目標之後，在非常短的時間當中，就成為了現實。

由此即可充分地了解，至今自己覺得「不可能」的事，那全都是己心當中的阻塞物、牆壁、大石塊。

長久以來人們似乎忘卻了信仰心的本質，信仰心並非存在於世間常理之中，它是為了衝破世間與靈界之屏障，使佛的世界顯現於世間而存在。在靈魂實在界，心念即是現實，而在這世間，心念也能令現實顯現，宗教就是為了提醒人們有這樣的法則而存在。

所謂科學，的確可以對原因和其導致的結果做邏輯說明，任何人去做結果都相同。但宗教卻遠遠超越了科學，甚至能使因果定律改變，發生超越世間常識的事情。然而，近佛的高級靈認為這不足為奇，這才是真實世界的本來面目，只是現代人覺得奇怪罷了。佛在悠久的過去唯以心念創造了宇宙、地球和人類，以心念創造了一切的佛位於我們居住的世界之中心。雖然居於外緣的人往往以自我為中心考慮事物，但事實上，以人為中心的想法是大錯特錯，只有以佛為中心的思想，才是做人的初衷，人們卻將這個道理忘卻許久了。

各位靜下心來想一想，這樣的自己幸福嗎？能立即回答說自己幸福嗎？恐怕開口先說出來的是一件件煩惱心事吧！然而若是深入思考，便會發現列舉出的不幸之因，盡都是微不足道的小事。

佛在久遠的過去，以意念創造了宇宙，既然佛創造的佛子即是人的本質，為何要放不下瑣碎的煩惱呢？各位的煩惱是什麼呢？是不是疾病纏身？經濟拮据？人際關係不好？工作不如意？婚姻不美滿？孩子不好管教等等各式各樣的煩惱呢？

若將煩惱寫在紙上拿給佛看，祂會怎麼說呢？祂一定會說：「我看你是太閒了。你每天都為這些小事煩惱嗎？要我處理這種事也太無聊了，能不能拿更重大的事拜託我，這種小問題不用仰賴我，它本是你自己能解決的問題，在我創造的你的心靈裡本來就有這樣的能力，打開心胸好好地看看吧！裡面不是有個方向盤嗎？往右轉，煩惱即會消失；往左轉，煩惱即會出現。就是這麼簡單的事，難道這個道理你不知道嗎？」

把煩惱交給佛的人，聽到如此回答後會摸不著頭腦，心想千里迢迢拜見佛傾訴心事得到的回答卻是：「答案就在己心。」欲求解方，佛卻說打開心胸扭轉方向盤即可。或許你會感到失望，心想長途跋涉來拜佛算是白跑了，但其實事情就是這麼單純。

例如，在一九九〇年五月之時，如果我說「明年的會員數絕對不可能超過三萬人」，那麼實際上就絕對不會超過三萬。但是，本會的會員們相信「會超過一百萬人」，進而實際上就真的變成那個樣子。

世界萬象都是隨著秉持何種意念而展開。然而，活了幾十年的人都會依某種自我來界定自己，但那種自我界定的基準並沒有誰予以認定。或許是周遭的人對你有某些看法，你便也那樣去看待自己，並以此作為你的憑據也說不定。

人是能夠突然發生轉變的。自「幸福科學」的活動開始以來，我看到許多人發生轉變。人是會變化的、人也可以改變，藉由什麼機緣呢？當然，人在有了許多經歷後就會發生轉變。

首先，想法的變化會改變一個人，我認為思考方式非常重要，也因此在某些地方我不同於其他宗教家。比方說，當我聽到有人為貧窮而煩惱時，便會覺得為何此人要把自己逼到這種地步呢？我並不建議用一味給予金錢支援來幫助他人，因為使他處於貧窮境地的，難道不是他自己嗎？

只要心中執著於貧窮不放，就絕不可能富有起來。或許這聽起來像是沒有憐憫心在信口開河，但這個事實是千真萬確的。

二、將心念轉向成功

我在此先不說個人的案例，而以具有影響力的案例來解釋其真實性。一百多年前，卡爾・馬克斯撰寫了《資本論》，在共產主義宣言之後，其思想傳播到了世界各地，共產主義幾乎橫掃了半個地球。但眾所周知，不久前，其思想開始迅速崩潰瓦解了。

當我們以歷史學家的眼光來思量，共產主義潮流在百年文明之流中，可以簡單概括出一句話，即「愛貧者貧」。百年動蕩僅證實了這一個法則，馬克斯主義思想根基是什麼呢？那就是把貧窮視為正義的思想。

「人之所以貧窮，都是因為有人在壓榨窮人，因為有剝削者的存在，所以我們才會貧窮，窮人總是正確，富人總是作惡。因此，需要以暴動和革命去推翻這些有錢人，窮人應該結成共同體過著平等的生活。」簡單明瞭地來說，這就是共產主義的主要思想。若信奉這樣的思想，就絕對無法擺脫窮困。

因為要是變得富裕後，自身就會失去正義了，只有貧窮才可以高呼正義，一旦富有了，就屬於資產階級，屬於該被打倒的一方，因此不可以讓自己變得富有，繼續貧窮才能使正義維持下去。如此一來，將會導致何種精神狀態呢？

首先，人們大多會從外界尋找自己無法成功的理由，譬如，政府不好、大公司企業霸道、某人很壞、環境和時代不利、景氣不好等等。總而言之，自己都是因為外在原因才會有如此下場，進而形成了一種被害妄想的哲學。

的確，有些抱怨也可以說是人之常情，可是如果信奉這種思想的人增多的話，世人的積極性將會逐步歸零，隨之在意識上將嫉妒心正當化，認為妒忌別人是合理的。於是會心想：「成功者都做了見不得人的事才成功，大家應齊心協力整治他。」但僅在這類事情上下功夫是絕不可能獲得成功的。譬如，即使是年紀尚小的孩子，如果看不慣成績好的同學，說他之所以書念得好是因為他家有錢、父母給予特殊教育等等，如果堅持如此學習態度，去責怪家教或補習班，一味尋找成績不好的藉口，這樣的孩子最終是不可能有好成績的。

反倒是不斷勤奮努力的孩子，即便看到了一些對別人有利的事情，自然還是能將書念好。那些枉費心思、嫉妒別人的人，是絕對不可能念好書的。人一旦開始羅列自己未做努力的藉口，就會進而將這個心態正當化，從而變得懶惰。這個道理已經過百年以上的時間來實驗過了。信奉嫉妒合理的哲學並以此為立國根基的話，國家會變得經濟衰退、社會動盪不安，人人陷入貧窮。

人們近年來終於對這道理有所醒悟了，雖然仍有些學者不信這個道理，但那已是不合時宜之事。總之，世界會因為人們以何為是、或以何為非而有所轉變。

或許有人認為這只是大規模文明驗證與自己並無切身關係，然而各位周遭必有此類靈魂傾向的人。譬如，在兄弟姊妹、父母、親戚、朋友或工作職場上，總有某些人會將自己不順利的理由，怪罪在他人身上。當別人發跡時，予以抨擊的人就會出現，說此人會看人臉色、在搞人際關係等，像這樣說閒話的人不太可能出人頭地。道理即在於其人在努力尋找不能作為楷模、不想向他學習的人，同時把這個負面印象刻入了自己的潛意識。

我曾在《不能幸福症候群》一書中例舉了此類人的特徵，在現實社會上這樣的人太多了。若從整體來看，很可能一半以上的人有這種心理傾向。如果你想成功，就請務必改變這種想法，必須把思考方向轉到怎麼做才能使自己成功，其實事情就這麼簡單。縱使在自己不成功的方向上如何捉摸、費盡唇舌做解釋，無法使世界變得更加美好、無法使自己變得更好。

如果現狀不好的話就應該反向思考，去思考如何做才能使其好轉，這才是思考的重點。當明確了好轉之方向，也做出了具體措施，並對其深信不疑的人，現實就會真的好起來。再譬如世上有很多病人，雖說有些疾病是無法迴避的，但不能否認很多病因，是因其人的思考方法和精神狀態所導致的。假如對病人說：「是你喜好疾病所以才生病。」想必對方會很生氣，但有些人確實如此。

世上有很多人會因為人際關係、事業遭受挫折而罹患神經衰弱，除非讓自己生病別無他路可走，也就是說，其潛在意識認為只有生病，一切才可以得到原諒。於是在「我的過錯可因此受寬赦，責任也可不用再承擔」的念頭下，迫使自己走向病魔。有時頭腦雖然沒有去想，但潛意識的心態造成了現實，為了要讓自己生病，就會開始去做有害健康的事或奇怪的事，最後身體就在突發性的強迫和重重負擔下病倒了。然後當事人會說：「我真不幸啊！命運怎麼不肯放過我！」或是去尋求別人的同情。但請務必知曉，這是因為在內心深處，存在著想藉由生病逃避現實的念頭，像這樣的事情屢見不鮮。

相反的，有志成功的人會怎麼思考呢？真心想成功的人，在身體出現生病徵兆時，就會反省注意身體健康或做工作上的調整等，聽取他人的勸告、接受各種人的建議，改變自己的生活態度。唯獨擁抱疾病不放的人，即便有再多的勸告也聽不進去，就算幾個月前有人提醒說：「你再這樣下去會倒下的！」但當事人會覺得別人囉嗦，認為沒什麼了不起的一味蠻幹，直到自己突然病倒了。這種對自己不負責任而造成的疾病，也會給身邊許多人帶來困擾。

真正有責任感的人會為了避免身體生病，做適度的調整以防範未然，只有不負責任的人才會過度逞強，結果給周遭的人帶來困擾。是要讓自己變得幸福、還是走不幸和失敗之路？一切緣由都印在自己心中的影像上。的確，過去發生過許多事，在發生的事中有成功也有失敗，雖然沒必要畏懼過去的諸多挫敗，但是對自己溺愛失敗的心理傾向應抱持戒心。

你無須將以往的挫折當作今後失敗的原因，即便有過失敗的經歷，也不能說明今後也必定會失敗。倘若你發現自己處於失敗的模式中，就必須對執愛失敗的傾向持戒心。總在內心觀望過去失敗景象的人，將會重蹈覆轍地在一條路上循環往復。

因此，再回到前面的話題，在現實中真的有人熱愛貧窮，雖然他本人否認自己是這種人，但在我看來，有不少人總是在自己的貧窮圈子裡打轉。甚至讀了這篇「何謂真正的富裕」之後，仍然固執己見，繼續抱著執愛貧窮的心，只會說自己做不到，這是與自己無緣的理論等。很多人貧窮習慣了，但請各位瞭解如此度過一生，即便死後墮入地獄也不是別人的責任。只要能認識到責任必須自負，即使自願繼續做窮人也沒人怪罪你。

希望人們都能明白「自負責任」之原則。

三、現代人容易墮落的地獄

如同我在各個場合當中所講述，靈界明顯存在著天國與地獄，天國與地獄絕對存在。

地獄並非僅有一種，而是有各種各樣的種類，非常地「繁榮」。

人在世間並非僅會因一種痛苦而苦，而是會在「享受」多樣的掙扎、苦楚之中回到來世，也因此才會存在多樣的地獄。以下，將列舉幾個與本章內容相關的地獄。

（一）餓鬼地獄

首先最有關聯性的是餓鬼地獄，這個地獄是怎樣的情形呢？在那裡，有著許多骨瘦如柴、只有大大的肚子挺出來、臉部毫無表情的地獄靈。當然每種地獄靈呈現的模樣不盡相同，有的喧嘩凶暴、有的披頭散髮到處狂奔、有的貧窮得連長頭髮都想節省，因此連一根頭髮都沒有，或是鋸齒無牙等，其猙獰面目真的就像一些地獄畫那樣，所以用飢瘦如柴的餓鬼等詞彙來形容地獄靈是非常貼切的。

那些在餓鬼地獄的靈有著無止境的欲望，首先最想獲得的是食物。只不過，他們想要的並不是真正的食物，而是將食物作為一種象徵，表現出「希望你能給我些什麼」的心態。在靈界地獄裡，雖有「食物」，卻會使地獄靈求不得的痛苦心態加倍。譬如，地獄靈餓著肚子爬山，而山頂上有累累香甜的香蕉，實際上卻都是幻覺。等爬到這些香蕉樹下，當他們覺得終於到手了，正欲食用時，香蕉卻忽然燃燒變成了氣體。地獄靈想喝水時也是一樣，喉嚨乾渴不堪在沙漠中爬呀爬的，千辛萬苦地找到了綠洲，正當想狂飲甘泉時，水卻即刻全部蒸發不見了。

有些地獄靈不知悔改，經受幾百年重複性的懲罰仍未覺醒。如此痛苦而暴躁的靈，自然食物已經填不飽肚子，由於肚子太餓進而想吃同類地獄靈，有些甚至真的變得像鬼一般。其實靈界中並無物質食物、也沒有肉體，當以為把對方吃下去時，對方又瞬間閃現出來，地獄靈會覺得讓你跑掉了，可這次休想，便再次把對方狼吞虎嚥下去，可是對方還是逃出來，無論怎樣吃也永遠吃不飽，無始無終。

各位會不會覺得這是天方夜譚呢？貪婪心、掠奪心或對他人奢求心強旺者，會淪為這種結局。在此有一個非常清楚的自省要點，那就是自己對這方面的慾望是不是很強，有沒有奪取屬於他人之物的心？在聽說可撈一把時，就會興起如魚吃餌咬著不放、想要全都佔為己有的念頭？內心是否抱持著總是無法滿足的心情？持類似心念的人將會墮入地獄，這樣的人大有人在。

（二）阿修羅地獄

另一個地獄是與現代人相關的地方，就是距離餓鬼地獄不遠的阿修羅地獄。這是一個專門讓那些對人苛刻欺弄、惡言傷人的人所去的地方。然而，真心為人好、忠言逆耳的批判責備，則算是用另一種方式表達愛的行為，並非壞事。如果皆為了發洩自己個人的不滿，以不用惡口傷人不過癮的心態說壞話的那種人，就會墮入阿修羅地獄。

在這裡有著許多古時候戰爭中互相殘殺的士兵，只不過，在現代已少見戰爭，多半是些常常相互爭鬥、唇槍舌戰的人。終究在靈界會習得操槍弄箭，然後互相殘殺，只是在靈界無論如何砍殺對手都不會死亡，因此會「永遠」重複著傷害對方的動作，直到此人醒悟、厭煩至極為止。

來到這個地獄的靈，多是信奉馬克思主義的人。那些只會罵社會和政府、咒罵別人，把所有錯皆歸於自身以外的人，以此自表正義的人，大多都會墮落到此。但這僅還是屬於一般的人，若是某些名人的話則會落入更深的地方。

另外，在新聞媒體界中屬於黑色媒體、卑劣沒有品行的人也都會到那裡去，然後在那個世界與人相互傷害。

（三）無間地獄

在那些盡做惡口傷人之事的人之中，也有極富有指導能力的人。譬如，評論家、思想家、老師以及教祖等，像這種對人有影響力的人總是惡口傷人的話，就不僅是墮入阿修羅地獄，還會更往下墮落到不只一層，而是兩、三層甚至更深的「無間地獄」，這是一個極深的地獄。領導級的人物墮入地獄時大多會來到這裡，一旦墜入這裡幾乎都只有自己一個人，等於被隔離。這是由於此人影響力太大的緣故，若影響力不大的話，最多也就是互相傷害，可是領導級的人物具有煽動性，從而會墮入到很深的地獄去。這也是此人靈魂執著比重過大，便一直落入到底層。

（四）色情地獄（血池地獄）

再談離阿修羅地獄不遠的色情地獄，現今墮落入這個地獄的人愈來愈多。可以想像得到，這是在男女關係上有異常生活方式的人墮落的地方。尚在年輕時犯了小過錯，當然可以被原諒，但當長大懂事後，在男女關係上惡習不改的人，便會落入色情地獄。

那裡有頗負盛名的血池地獄，男男女女總在血池裡交合在一起。若從客觀的角度來看，相當醜陋不堪入目，怎麼說呢？其景如同泥沼裡成群的蚯蚓在戲耍一般，血池地獄就是這樣一個地方，可是卻有很多人認為這是一個極樂完美的世界，所以始終無法脫離。

人在倫理道路上很容易走偏，做錯了就必須好好地反省。佛並非嚴酷到只要人做錯了一件事，就一定會給你烙上絕對要下地獄之烙印。凡是人都會犯錯，但要藉著機會好好地反省，悔過自新，使自己糾正過來即可。假設有些人在感情上有類似的問題，我也不會光是針對這個問題說你死後定會下地獄，或許其中有些人能夠在其它方面為人帶來幸福，所以不想一概而論。但要知道，異常複雜的異性關係，往往會使人們彼此產生嫉妒、猜忌，那就是地獄性的心境了。人們心中的猜疑和嫉妒，會使得家庭或家庭之外的環境，朝地獄化發展，所以這種心念實在不可有。

如果能像過去的國王一樣，能夠平等地關愛人們的話，或許還能夠前往天國，但人控制己心的技術大多不成熟，所以難以做到那種程度。

在生活中要有「知足心」，這可孕育許多幸福萌芽，以上這些是我們現代人需要予以警惕的問題。

四、善財的累積

前面講述的是與食物有關的餓鬼地獄諸相，此外若是金錢觀念錯誤，也會來到餓鬼地獄。所謂金錢，含有難以領會到的意義，若論本質，金錢本身的價值中立，沒有善惡之分。若縱觀近代社會經濟發展，便可以認識到金錢確實發揮著善的效用。譬如，在一些發展中的貧困國家裡，若經濟上能夠稍微富裕一些，即可使許多人的心免遭受地獄性的痛苦。經濟貧窮會使犯罪現象和疾病的發生增加，許多人處於如此痛苦的狀態中死去，免不了會使地獄之領域不斷地擴張下去。透過推動社會經濟，改善社會、生活環境，減少墮落地獄的人，在此意義上講，金錢或許是善，這一趨勢也是無法否定的事實。

譬如，曾在印度的德蕾莎修女（Mother Teresa，1910~1997）組織了護理病人的救濟活動。但若政治賢明，宗教就未必需要承擔這種活動了。一個國家若是能推動有效益的政治，那麼其所帶動出的經濟繁榮，必定會得出以建立醫院來拯救病人的方案。正是因為沒有這麼作，所以直到現在仍未改善那種狀況。因此可以說，對於解決此類問題，經濟繁榮具有善的含義。

自古以來，經濟本身之中存在著一個陷阱。耶穌曾說過：「若是要讓有錢人進入天國，倒不如讓一隻駱駝穿過針孔還來得簡單些。」雖然這句話很容易讓人產生誤解，不過它真正的意思是：「過於『執著』世間物質價值，完全無視心靈、靈界的意義和存在的人，將會落入地獄。要讓此類人上天堂，比讓駱駝穿過針孔還困難。」耶穌的這句話的最終意思，指出了「執著」可怕的一面。「執著」之恐怖，就在於一旦人過於注重物質享受，其欲望將使此人的心變得世俗化，完全遺忘了心靈世界、靈界的存在，也會完全遺忘那始終護祐著自己的守護靈之存在。

只執著於如何活在世間的人，不會願意接受自己守護靈存在之事實。讀者若想瞭解自己的執著心是否很強烈，就請試著想像，整天都有守護靈在身邊注視著自己，你能夠忍受得了這樣的注視嗎？可以受得了每天有人從早到晚看著自己嗎？能夠承受這種注視的人，其心境是純潔的。能夠接受守護靈注視的人，即使心中有了惡念，也會立刻反省。若你做錯事，能當下反省的話，從靈界注視著你的靈人是會原諒你的。與之相反，對於拚命企圖以花言巧語陷害別人的人來說，其心思是見不得人的。所謂惡事，不為人知才有可能得逞，若被人看透就不可能去做了。

因此，若你的守護靈看到你日復一日，勤勉於工作後說：「如此努力工作增加積蓄，不簡單！」就表示你合格了，是沒問題的。相反的，如果怕別人看到自己的心，就說明有需要改正的地方。讀者們可以透過假設自己整天被人觀察著，就可以立即認識到自己是怎樣的人。除了厚顏無恥的人之外，有正常的感覺的人，若心中的所思所想全都被人看透，卻還能平心靜氣，這樣的人是不會有問題的。因此，不得不說害怕別人知道自己的心思的人，正處於一個極為危險的心境。

「金錢」像是一把雙面刃，一面有益，一面有害。遵循善因善果，透過揮灑汗水拚命工作而創造的財富，屬於善的一面。明白地講，這是一種正面積極的善。假如將其視為惡的話，就會進入前面所講述的馬克思主義的世界，所以要多注意。還有一點也請各位思考，倘若只有自己一個人貧窮的話倒還無所謂，但如此思考是會影響他人的，因此這種想法很危險。

其次，正如前述所提到的德蕾莎修女，請大家銘記在心，富裕的確能夠消除某些痛苦與煩惱。這意思是說，勤奮、認真地去做對社會有幫助的工作，正當地積存財富，這是千真萬確的善。若不明白這個觀點，或許會步入歧途。

甚至是，有益地運用財富，更為善。為自己勤奮地工作，是值得肯定的，但若進而將積蓄的財富運用在有益的地方，就將成為大善。這種善透過繁衍，以善招善、以福招福，便可逐步形成巨大的善業。

其實我並不太喜歡單純地使用二分法將人分成好人與壞人，但假設真有一個這樣的界定範圍，請讀者們試想一下，被分到壞人那一部分的人，擁有很多的財富，但在善人範圍裡面的人卻都很貧窮，這個世界將會變成怎樣呢？假設，壞人濫用其經濟影響力，操縱世界的話，這將成為一個非常嚴重的社會問題。我認為，要讓那些存有善心以及正直之心的人富足起來，社會才會變得更好。只有懷有善心的人具備經濟能力，才能夠拯救別人。

若善良之人在經濟上面臨貧困，即便在個人範圍可以享受平靜的幸福，怡然自得地過著清貧的生活，但是只滿足於個人清貧的生活的話，很難積極地為別人謀幸福。在你因為難以為他人創造幸福而感到沉悶之時，那些財大勢大的壞人卻更加無惡不作，令人難以忍受。古人言：「善人抬頭，惡人沉淪。」這樣才能接近佛所期望的理想世界。

也因此，善人在走向富裕的過程中最需要留意的，就是有關「執著」的問題。若太過於執著的話，將過不了天國之門。因此，沒有執著、越富越謙卑，有心為社會做有意義的事、為社會的繁榮富庶而努力的人一多起來，世界就會不斷地好轉。具有社會影響力、擁有財富的善人不斷地增加，能使世界轉向好的一面。

五、透過理想與愛的發展

我希望覺醒於真理，虔心學習真理的人都能富裕起來。我認為，金錢在發揚善的力量方面，具有巨大的功德。對此從心靈實相世界的觀點來看，也是無庸置疑的。人若是心中充滿善念，秉持著要造福社會及眾人的心念在工作，懷有一顆拯救他人之心的話，其守護靈亦會發光，並散發出充滿喜悅的活力。守護靈會為你加油，當你力不從心的時候，他也會在靈界四處奔走，呼喚眾人來協助你。當你在世間需要創立事業之際，可以協助你的人就會出現，使得事業順利進行。

如果你是一個生意人，當你抱持著想販賣高品質的商品、想提供優良的服務給客人的心情時，前來消費的人就會多到驚人。即使是普通商品也不可以忽視，好比說，在製造一只杯子時是否用心，日後會對使用者造成一定的影響。銷售粗劣的商品、牟取暴利等做法，會對使用這些商品的家庭造成不良的影響。而對工作充滿熱忱的人所生產的產品，能夠帶給使用者的家庭一個很好的波動。

又比方說，想預測一間普通的個人商店能否發財，可以看看經營這家商店的夫妻感情是否美滿。夫妻關係圓滿的話，即使一時遭遇到了困難，日後也必定能再開闢出一條康莊大道。如果夫妻間的關係很緊張，家中又是患病現象不斷的話，即便再怎樣努力也很難順利。

人只要有一顆溫暖開朗的心，在工作或生意上勤奮不懈，靈界各方面也會給予你鼓勵。對於那些為了讓世界更美好，心地清澄明淨的人，能從靈界產生相應的感應。在抱持如此心願、人格可靠的人的身旁，會聚集許多前來相助的人。於是，邁向成功的道路就會逐漸地開啟，這是非常圓滿的事。

我認為，真正地醒悟到真理的人不會越變越貧窮，而是應該會變得富有、有良好的人際關係、形成受人喜愛的人格。通常，受人喜愛的人不能發跡的情況很少，沒有成就的人大多是不受歡迎的人。受人喜愛的人，能夠得到上司的推薦、部下的支持，必定可以有所作為，也必定會變得富有起來。

若如此富有的人就任公司領導者的話，公司的職員們也會隨之有所發展，不單如此，這同時也促進了整個社會的發展。然而，若讓相反類型的人居於領導地位的話，公司職員們的士氣不但會低落，甚至可能牽連到與其他公司的合作，出現負面的退化局面。

所以我希望讀者們務必瞭解，你所抱持的心境是何等重要。這不光只是做一個表面上的老實人，更應該秉持有益於他人、有益於社會的想法，並為此生活。而且要明白，這麼做能夠創造出多麼巨大的財富！當人醒悟到了真理後，專心致力、認真工作，成功後不驕傲，虛心繼續做努力，如此定能加倍創出更大的成功，變得更加富有。

總而言之，欲如此做人，就必須擁有「理想」，就必須要有「施愛」之心。正因為心懷理想與愛之人，心中懷著有益於眾人的想法，所以其事業必然能夠獲得更大的發展。

只是為享受自家公司的小小利益，或僅為了滿足個人生意而打拚，幾乎不可能成就巨大的事業。一心為了眾人和社會的經營者，其事業必將出現無法阻撓的繁榮和發展。

六、實現烏托邦經濟學

九十年代初期的美國有兩種社會弊病。

其一，是人們都拚命的節稅。公民不斷在如何免繳稅金方面努力，而政府竟也做出獎勵此舉的愚昧行為，於是節稅產業非常興盛。所有美國公民都在為合法逃稅花費心機，導致政府沒有稅收，財政收支極不平衡，最後不得不做出向其他國家伸手借款之下策。這種做法毫無道理，此為第一種社會弊病。

另一種社會弊病，便是美國正蔓延著一股惡性平等的風潮。人類幾百年來，以自由、平等、民主之口號為理想，造就了民主主義社會。可是這個平等所指的是人的靈魂之平等，也就是人的靈魂在佛面前的平等、身為佛子的平等。

不論是誰，在出生起點上都是平等的，當人成長之後，其人能否成為總統也無法得知，這要靠個人的努力、精進，諸多的人際關係及幸運的機遇等，才能造就出一位大總統，但出生時大家皆平等是先決條件，這才是平等的真意。

總而言之，在此所指的是出發點上的平等、機會的平等，若把它解釋為結果上的平等，其後果就不堪設想了。那就會像我在前文中講述的共產主義一樣，認真努力的人與偷懶怠惰的人所受的待遇將被一視同仁，這種主張乃是結果上的平等，最終，認真努力的人當然就會消失不見了。

譬如說，當你透過辛勤工作累積了財富時，卻總是被人批評「你肯定是做了什麼壞事，你只會奉承上司，耍手段」等，那麼你便會失去幹勁，是一樣的道理。

若只注重結果上的平等，不管怎麼努力也得不到公平回報的話，雖然怠惰的人會很高興，但也會讓努力的人逐漸消失。所以，當那些依賴國家給予社會福利以及補助金的人增多的話，國家必然會日漸衰退。

美國的社會弊病，一種是節稅產業和節稅行為的風行，另一種是過多的人提倡結果上的平等，並且被民眾認為是理所當然的現象。

世上有許多不同的民族、不同能力的人，以及男女性別之不同等等，假如過於追求結果上的平等，就會抑制應給予努力的人相應的公平待遇。

在美國某些大學也有同樣的現象，不管學生的學習能力如何，會制訂特別的制度，讓一定比例的黑人過關，但這是不對的。這絕不是種族歧視的問題，而是應該根據個人努力後的成果，做出公平的判斷才對。

譬如，日本針對男女工作待遇上的問題等，也常發生類似的問題。可是我們不可不知，若是過於迎合某些以發洩不平不滿為中心的運動，將會成為使一切衰退的根本。

因此，我們要認真、努力地工作，當個人富裕了之後，再以此為基軸，進而向他人伸出拯救之手。然後這種正確的做法在世間發揚光大，國家也會逐漸步向榮盛。

就這層意義而言，其實不應該去讚揚那些不付一分一毫稅金的企業經營者。那些聚集了天下人才，運用資金，卻使公司不斷虧空的企業，其存在是惡。尤其是為節稅而巧立名目，揮霍金錢的浪費情形，無疑是社會的惡，因為這樣的企業對社會根本沒有回饋。總之，應該規規矩矩地做事，獲取正當的利潤，再盡心地為了國家的前途發展確實納稅，這才是真正應有的企業家精神。請讀者務必知曉，不納稅的企業，其存在意義將消失。

許多現代人已逐漸忘記了如「國家」、「社會」、「佛神」及

「永遠」等的抽象價值，但這些都是極為重要的，同時，將我們居住的社會建設成為烏托邦，也是十分重要的工作。

希望大家不要光費心思謀求自身渺小的利益，應該同時為改善整體社會著想，促使其繁榮富庶，為此從事企業或個人的工作活動。這絕不會使你步入歧途，而會引導你走向成功與繁榮。

讓我們一同為「烏托邦經濟學」，得以在這世間實現而努力吧！

Chapter

2

發展之道

第二章　發展之道

一、發展的定義

「幸福科學」所主張的「發展」，其內容究竟是什麼？處於什麼樣的情形才能稱之為發展呢？

在此，我想為「發展」做出定義。

「發展」之先決定義，即向佛境之進取。意思就是，並非單靠自身的力量，朝實現自己希望的方向進取才稱為發展，至少我們願望之發展方向，必須是朝向佛的方向，是朝無限高遠的佛，是向永恆之佛的方向伸展，如此才順應了「發展」之本質。

換句話說，正如杉樹聳立直指藍天那般，我們的「發展」也必須向佛的境界堅定不移地伸展，必須認為沒有朝其他方向發展的機會才行。這一點，和我們做為人轉生到這世上抱持著何種使命息息相關。

人類被賜予了永恆的生命，不管無神論者如何否定，我們的靈魂都擁有永恆的生命，過去、現在、未來連綿不斷，這是難以否定的事實。

當我們回顧過去的歷史時，生長在各式各樣時代的人不正是你我嗎！現代的我們亦是為了撰寫未來歷史而存在的。

也因此，當我們思考朝佛的境界發展時，務必要謹記在心的是，人類的出生、人類的存在絕非偶然。人類並非偶然誕生的生物，每個人的人生彼此相關。一切事物均在偉大意識的計畫之中，在偉大的佛之規劃下運轉，我們有在這美麗的地球進行靈魂修行之承諾。當人們覺醒於自身有著這樣的承諾之後，向佛之發展即是無可阻擋的了。

然而，當縱觀現下社會，可以發現到許多尚未認知實相、尚未發覺新的時代已經開始的人，我為此深感遺憾。

譬如，我的著作當中有許多是靈言集，有許多人認為那是一種非常不可思議之事。這些人覺得人的肉體才是自己存在的一切，所謂靈界，也只是偶爾會聽見和幽靈鬼怪等話題有關的世界而已。

但是，若是學習了「幸福科學」的真理教義之人，就無法否認心靈世界是真實的世界，並且感到我們生存的這個世間，反而是暫時性的世界。

這可以用電影來比喻，投影在電影螢幕上的畫面，其實相當於三次元肉體的世界，而坐在觀眾席上看電影的，便是四次元以上靈界的靈人們。我們生活在這個三次元世界中，自認為自己看到的是一切，但是在觀看著我們一舉一動的靈人們，才是真實的存在。

這種不識實相的狀況稱為「無明」，人在「沒有光明」的狀況下是看不清任何事物的。

這個光明指的即是智慧之光，擁有智慧就如點亮了明燈，所以能夠看清什麼是真實的。也因此，所以可以把「無明」解釋為「無知」。

我們要迎接發展之年，履行偉大的使命，拯救那些尚處於無明、無知之中的同胞們，點燃人們的心燈，給予人們智慧的啟蒙，這就是我們在發展期過程中所肩負的使命。

二、發展之喜悅

前文已經講述了邁向佛的境界之發展，接下來將進一步論述。

發展的第二步思考，就是在「發展」的過程中，將伴隨喜悅的增長。有喜悅的增長，才是真正的發展。比方說，我們看一家公司是否有發展，並不是單純地看其業績數字，他不是單純地看其擁有的房屋資產及增加的員工數目，而是在那裡工作的人們，其喜悅有所增加時，才是真正的發展。表面上的數字增長，只是為了這個真正的發展而存在。

也因此，若要體會真正的發展，就必須考慮喜悅的增長。人類幸福化之活動的大躍進、大發展必定伴隨著喜悅的增長。

那麼，如何才能使喜悅的增長伴隨著發展呢？首先我認為，每一個人都應該成為「主角」。

這就好比，看棒球賽的確會覺得有趣，觀賞歌劇也會覺得有趣，可是想要品味真正的有趣，還是要親身作為參賽選手、歌劇的主角才能懂得其中的喜悅。只有自己親身扮演主角，才能體會到至高無上的喜悅，這是無庸置疑的。

也因此，若想體會伴隨著喜悅增長的發展，大家就必須以身作則，作使喜悅增長的主角。這並非他人之事，我建議讀者們應將此做為自己的事重新思考。

「幸福科學」的發展，就是每位會員的發展；「幸福科學」整體洋溢著喜悅，就是每位會員的內心充滿了喜悅。我們不想培養出消極負面的會員，也不想培養出對一切都置身事外的會員。

我希望有緣來「幸福科學」相聚的會員們，每個人都能覺醒，自己就是「人類幸福化活動」的主角。希望人們切身實踐，湧現出真正的喜悅，不去實踐就無法體會。

即便從別人那裡聽到了再多醒悟的佛法真理，或是有多麼喜歡學習佛法，若自己不去學習、實踐佛法真理，就難以獲得深入的理解，當你品嚐之後才知其味。法要自己去學、去實踐，才能深入體會。

各位不要像旁觀者那樣，以「學佛法有何樂趣呢？」這種事不關己的態度，觀望學法的人。「請先接觸，嘗試實踐，如此就能體會到佛法的真意了。在評論『幸福科學』的教義是否正確之前，請先嘗試著接觸和實踐，這樣你才能獲得較深入的理解和答案。在問『施愛究竟與幸福有何關聯』之前，請先實踐施愛吧！若想知道施愛之後將會有何變化，就自己親身去體驗吧！只要這麼去做之後，說明將是多餘的。在認定其是否正確之前，就去實踐吧！唯有透過實踐才能獲得理解。」以上就是給那些對佛法真理持懷疑態度的人之回答。

此外，在「幸福科學」的眾多書籍中，包含著許多靈言集。我想，對靈界的存在持懷疑看法的人應該不少吧！特別是在傳道初期，向各式各樣的人講述佛法真理時，此類詢問很多。這時應該對他們說：「請先接觸，然後實踐書中的內容，這樣你就知道這是否是真實的了。當你的實踐伴隨著喜悅，你的行動又將成為啟發周圍人們的契機時，難道還能說這不是真實的嗎？難道那不是近佛的高級靈所述之事嗎？那是來自於高級靈的話語，還是單純地創作虛構，只要閱讀之後，加以實踐，答案自會分曉。所以，請先品味其中內容，並試著附諸行動。」

愈是咀嚼高級靈的話語，就愈能感受那滋味，喜悅就更加地廣布。此外，在人生的各個階段上，隨著心境的提高，對佛法真理的理解就越深，並發現它充滿了光明。

讓我們一起從喜悅的增長中尋求發展吧！

三、發展的原動力

接下來，發展的第三步思考，即發展中伴隨著對未來的希望。

耶穌基督曾說過：「凡好樹都結好果子，唯獨壞樹結壞果子，要知樹的好壞，看其果實便知。」這句話是說，有樹才有果實。我認為，樹可以代表現在，果實代表未來。

也就是說，生活在當今，其發展的方向、發展的想法、發展的行動是否真實、正確，都關係這個發展所成就的果實將會如何，這個果實又會成為種植下一棵新樹的原因。所以，樹與果實之間就像連鎖的因果關係，連綿不絕地延續下去。

所以在這個主張之下發展，必定包含著確實的希望，發展結果必須充滿著希望。這能夠使我們勇氣百倍，進而繼續去創造更美好的世界。

請大家不要抱持著自我犧牲的想法來參加傳佈佛法真理的活動，這個活動的擴大和發展，也必定會使人們培養出豐碩的果實，洋溢出喜悅，並進一步去創造更大的發展。自己的生命閃耀於其中，並用這光明照亮別人，這才是我們所追求的發展。

比方說，我們可以想像鑲滿了小燈泡的耶誕節燈飾，天花板和聖誕樹上的小燈泡點點閃爍，非常漂亮。可是如果亮過的燈隨後就熄滅的話，會有什麼感覺呢？雖說新的燈會亮起，但舊的燈依次熄滅這件事本身伴隨著寂寞和悲傷，讓人覺得這不是真正的發展。我真切地希望每一個人，都能長久、持續地綻放著光芒。

因此，我想要大家在心中不斷地刻劃「希望」。將今年的希望、明年的希望，或是後年的希望、十年後的希望，甚至自己離開人世五十年後、一百年後的希望，以及人類對一、兩千年後代子孫相傳的希望等，都深植內心。

心懷「希望」很重要，因為在某種意義上「希望」是發展的根本動力。當希望將得到實現之時，會感覺到一種自己將變得更加閃耀之喜悅。所有的佛子應該都具有這樣的心懷，應該懷有讓自己的生命更閃耀的心願。讓佛子的根本使命更加光輝燦爛的過程，即希望之實現。

四、如何讓希望成為現實

接下來要講述在實現希望的過程中，須留意的幾點問題。

要讓希望得以實現，首先需要「定心」。將心定於一點上，集中自己的意念。這個集中，必須是朝向佛的集中，而非惡性的執著心。唯有朝向佛之所願，這個集中的心念才是美好的。將集中的心念，時常地描繪且刻劃在己心，並有如現實予以觀想。「我深信內心描繪的希望必定得以實現」，若將這樣的信念刻劃於己心，就不會產生動搖和疑慮。有時，雖然一時下定了決心，但是之後起疑的話，就不得不說，這個願望恐怕難以實現了。

其次，便是要相信除了自己之外尚有偉大的判斷。我們生存的這個世界，不單是人間世界，它是被廣大的靈界所包容。在靈界，有各位的守護靈、指導靈，以及諸多與我們有緣的靈人。此外，還有接近佛境界的高級靈，他們非常殷切地希望世間能變得更好，所以，當高級靈們發現世間有與他們持同樣心願的人時，他們就必定會傾盡全力前來相助，這是不容置疑的事情。

總之，只要自己立下決心、盡力實踐，結果便可以信賴、相信靈人們的力量。然後，當希望得以實現之際，便要以非常輕爽的心接受這個結果。希望實現之後，就應該踏踏實實地接受恩賜，感佛之恩，感守護靈、指導靈之恩，戒驕戒躁，更加精進，並請求今後繼續給予自己指導。

抱持爽朗的心極為重要，如果這時出現了傲慢、自滿的心，隨後的希望將不會再實現了。將這希望之實現，做為邁向更進一步發展的善因，這是非常重要的。這就是在願望得以實現之時，務必持有的心態。

以上我就發展做了許多的論述，我們正是為了不使發展僅化為夢話完結，而是要實現真正的希望，才享受著今年的時間。

我希望在明年的此時，各位讀者們都能說自己比前一年有了很大的發展，變得更加光彩了，讓我們一起努力吧！

Chapter
3

光明的人生

第三章　光明的人生

一、活出光明

對於使用光明的觀察法以及運用正面思想來開創人生，這是多麼有效的一件事，我想已經親身體驗的人並不多。

雖然很多讀者曾聽說過，或是閱讀過此類光明思想理論，卻未曾把它運用到自己身上進行實證吧！

我覺得，即使是討厭宗教的人也容易接受有一種最簡單、樸素的信仰形態，那就是「活出光明人生」之思想。簡單地說，就是以光明且積極的心去觀察、思考事物，進而開創美好的人生。

我想一個人若能相信如此單純的真實，即使不大肆宣揚其信仰，最終也可以獲得將近百分之八十的成功。

譬如，在勸說人們要相信佛時，即使以哲學的方式解釋佛的存在，其抽象的概念，有時會如一顆膠囊卡在咽喉那般，無法輕鬆嚥下肚。

然而，想要抵達佛境，尚有其他的方法。

假如掌握「佛的屬性」是最容易接近佛境的方法的話，那麼即便不懂那些「為了思考而思考」、「為了學問而做學問」、「為了抽象而使其抽象的哲學」，只要掌握到「活出光明人生」的概念，也等同於自己接受了佛的存在。

常言道「佛的本質為光」，若要具體的說明，即祂照耀著「光明」。因此，便可以認為，如果人心持真實且如陽光般清澈光明的思想過生活，這就是一條幸福之道，就是通向佛之境界的悟道。

所以，如果各位讀者的頭腦裡塞滿了雜念的話，就請先切斷頭腦中的這些思緒吧！把錯綜複雜的想法，如同清除蜘蛛網那樣，全部清除掉。

我希望各位要單純地以「活出光明」作為出發點，並且明白到：「要活出光明，就要樂觀地看待事物、就要以開朗的心做事、就要持光明的思想。」這個想法本身就是信仰之道，就是使佛進駐內心的修持。

二、無憂無慮地過生活

接下來，將探討「活出光明的人生」有何心法。

要活出光明的人生，其基本的思考方法是什麼呢？我認為這是絕大多數人都會問的問題。因此我將配合本章的主旨，透過極為簡單的思考模式，分成四個步驟闡述「活出光明的人生」之祕訣。

首先，第一步思考方法即「無憂無慮」。或許「無憂無慮」一詞有一點陳舊之感，在日常會話中也不常使用，但是無憂無慮地過生活，確實是十分重要的。

「無憂無慮」就像是溪水毫無阻礙，流淌的狀態。請在心中描繪一下，一條深度約莫只有二、三十公分水深的清溪，在春陽之下閃耀。它沐浴著陽光緩緩流淌，清澈見底、閃耀著金色的光芒，泛起平緩的波紋，似演奏著歡快的樂曲，它不停地、持續地流向遠方。可以說「無憂無慮」就是如此景一般的心境。

希望各位跟隨以下敘述，再度思考。陽光穿透水面，溪水澄澈見底，河底砂土在陽光的照耀下顯得閃閃發亮，看上去就像鋪了一層金沙般的色澤，清澈的小溪流水潺潺，就是這樣的情景。

總之，在生活中內心無憂無慮，不單單只是心中無牽無掛就好，而是要像溪流徜徉在無限春光下閃耀的狀態，才算達到了真正的境界。並不是要像終年曬不到陽光，抱持著漆黑深淵般的心，而是始終都要像那淺溪一樣，一邊接受陽光的洗禮，一邊持續地流動。

為此，你的生活方式，也必須要像那清澄透澈的溪水一樣才行。

不需要過於複雜地思考，只要大方、簡單地過生活。不要抱著猜疑、自卑和消極的情緒生活，而要開朗、樸實簡單地過生活。假使有一天你遇到了曾經背叛過你的人，你也不會再拘泥那些過往瑣事，樸實、誠實地生活，這點非常重要。

就好像小孩子一樣，睡一覺後就能忘卻所有不快，只要付出簡單的努力，就一定可以過無憂無慮的生活。這不是建議你在心中築起圍牆，而是建議你要放下心裡的壓力，拆除封閉的圍牆，讓清新的風吹拂進你的心房。

於是，你會產生輕鬆的感覺，猶如身著輕便的服裝，走上街頭。宛如冬季初逝，換上了春裝的輕鬆感覺，在春天的微風吹拂下十分舒適，這種無憂無慮的感覺十分重要。

首先，你要卸下防衛心靈的重裝，讓自己放鬆，要褪下厚重的冬衣，改換上春裝，要好好珍惜這輕鬆的心情。人常會在不知不覺中，把許多複雜的思緒纏在身上，要知道，這些重裝會使人身體酸痛。

在陽光明媚的天氣裡，卸下重裝吧！穿上便裝，邁出輕鬆的腳步吧！這才是無憂無慮過生活的心態。

三、憧憬美好的明天

接下來講述活出光明人生的第二步思考方法。

那就是心懷純粹的信仰，抱持「明天會更好」的信念。要相信今天會比昨天更好，明天還會比今天更好。要持有相信一切都只會越來越光明閃亮的信念，切不能認為自己的人生會走向黑暗。應該始終篤信，一切事物都像含苞待放的花朵，春天即將來臨，百花齊放的日子在等待著你，確信美好的明天終將成為現實。

自己辛勞的付出，都是為了準備迎接春天的到來。如果能夠秉持著「今天會比昨天好，明天會比今天好」的信念過活的話，就能讓自己的人生變得更光明。如果心中持有這種信念的人充滿了世間，遍及社會的每個角落，這個世界就會洋溢出歡樂的氣氛，到處可以看到喜悅的笑臉。當你從心底湧起喜悅的心情的話，眼睛會炯炯有神，隨時保持這種心情是很重要的。

你也可以反覆地告訴自己，養成這種心持光明的習性，你的志向、面臨的現實也會隨之轉向光明。如此思考，不僅有益於自己，也可以影響他人。如果你今天遇到一個滿臉愁容的人，就可以說：「為何滿臉不高興？應該堅信一天會比一天好，雨後必然是天晴！」

即使你現在多麼不愉快，只要認為這畢竟是一時的，就一定能夠尋回開朗的心。不要因為是下雨、下雪天，就閉門不出，也不要做消極、負面的思考。一定要相信有雲開霧散之時，當春天的陽光照射下來之時，再厚的冰雪也會融化消失。

我認為，那些認為未來會變得更光明、更美好，抱持著如此思考方法之人，可以看做是「幸福的人」。

如果童年度過了幸福的時光，長大後卻變得不幸，這也會使人生中佈滿寂寞的色彩。如果曾擁有對社會做出貢獻的幸福中年，但是晚年卻變得淒涼，同樣，這也是淒慘的人生。

因此，要時時堅信自己會更進步，世界會更美好，並為時代增添光明。

四、拓展幸福的領域

接下來，要講述活出光明人生的第三步思考方法。

我曾在其他著作中提到，描繪「分享喜悅的人數愈多愈好」之心念很重要。一人獨樂，不如兩人同樂；兩人同樂，不如三人群樂；三人不如五人；五人不如十人；十人不如百人；百人不如千人；千人不如萬人；萬人不如百萬人，如此，眾人的喜悅其樂無窮。請相信這樣的幸福圈得到擴大之時，美好的事物也隨之層出不窮。

如果一個人獨享其樂，那麼就會像長期被存放在冰箱裡的食物，最終會有腐壞的一天，因無法食用，最後只好丟棄。越是與眾人分享喜悅，才越能成為真實的喜悅。也因此，假如讀者理解了我所講述的幸福的方法，首先就應該將喜悅分享給更多的人。

如果往放滿熱水的浴盆裡注入冷水，水就會逐漸降溫。同理，當一個人的心充滿了幸福之時，卻被別人大潑冷水的話，那個人的幸福感也一定會逐漸降溫。

總之，先不要去想如何減少對自己造成負面影響的事物，而是應該思考要如何增加自己的同伴；先不要去想如何減少給自己負面影響的人，而是要去創造與自己同樣的幸福的人。如此思考，會讓自己變得更加溫暖，當自己的同伴不斷增加時，會讓自己變得更加快樂，將自己置身於更幸福的境界中。

在基本的人生觀中，不要因為世上充斥著很多自虐、不幸、苛刻、惡口的人而唉聲嘆氣，也不要去排斥那些人。你應該銘記在心，並告誡自己，應該再去多創造、多增加一個和自己一樣幸福的同伴。

你今天散播了多少幸福給別人？如果只是自己獨占一份喜悅的話，就會像一朵花那樣，即使美麗，卻感到淒涼，並在無人過問中枯萎凋零。或者像一朵人造花，乍看像花，卻沒有真正的生命活力。所謂生氣盎然的花朵，不會是一朵，而是綻放的花群。讓我們在心中隨時描繪這樣的景象吧！描繪原野上綻放著許多萬紫千紅的花朵吧！這是有益心靈成長的事情。

我們必須增加光明的夥伴，這過程本身就是幸福。或許有些人在體會了真理之後，為了沒有可分享的對象而感到寂寞，又或者當自己在向人傳達真理時，卻為了自己被看成是異端而感到難過，這難道不是十分消極的心態嗎！

要知道，在芸芸眾生中，有許多理解你想法的人存在、有許多會給予你鼓勵的人存在、有許多願與你分享快樂的人存在。首先，你要在內心創造接受這種想法的空間，只要如此去做，你就不會只是傷心，你一定時時刻刻都有與人分享喜悅的可能。

擴大這個幸福圈吧！只要你面帶笑容，身邊的人也會展開笑顏。我認為，並不是為了旁人臉上掛著笑容便夠了，而是應該寄予一個心願：「願我的微笑，能給予身邊的人一份幸福，願將這幸福的笑容傳給更多的人。」

五、與佛同行

活出光明人生的第四步思考方法極為重要，那就是必須深深地確信：「只要與佛同在，就沒有什麼能夠使自己不幸。」

世上有很多能夠讓自己處於優勢的因素，其中最重要的因素就是佛。如果有了佛的護祐與支持，事實上就不會有敵人，沒有什麼能傷害自己、沒有什麼能使自己悲痛、沒有什麼能讓自己流淚嘆息。只要有佛與我同在，不幸就不會造訪，幸福必將來臨。

信仰佛的人，佛會站在此人這一邊；信仰佛的人，能得到佛的支持。因此，不幸就不會發生，一切只會變得光明。那是因為你的作為，讓佛站在你那一邊。

那麼，到底要如何才能讓佛站在自己這一邊呢？

佛並沒有要你揮撒金錢，沒有要你三跪九叩，也沒有要你做什麼祭奉。你只需要誠心對佛說：「我信仰佛！我願符合佛的心願過生活，我願創造佛所期盼的世界。佛啊！但願您能賜予我力量！」當如此祈禱時，無論是有聲還是無聲，佛便會來到你的身旁傾聽。佛即是那般存在，佛在你祈禱之前，就已知你的心願。

因此，沒有任何力量勝過佛，所以要堅信：「只要佛站在自己這一邊，佛即是自己的朋友，無論發生任何事，自己都不會失敗。」這是引導你走向真實、光明的人生之祕訣。

Chapter
4

召喚幸福的心

第四章　召喚幸福的心

一、心的法則

「幸福科學」是以「使幸福科學化」為目的而取其名，所謂「使幸福科學化」之意，無非就是探究什麼樣的「心」才能招來幸福，探究人持何種心態才能招引幸福之果。也就是說，幸福科學把「心」當成一個研究的對象。其前提便是「心」具有研究的價值。雖然心賦有的個性會因人而異，但是每個人都必須依存一定的法則，這便是使心科學化的前提。

即便是在無血緣關係的人們之間，每個人的心態也擁有著共通的法則。這究竟是為何呢？若試著反向思考，就不能不想到有唯一的佛確實存在的問題。由於有唯一的佛存在，才能使生活在地球上凌亂眾生的心，依循於一定的法則之下。

何謂「心的法則」？對此問題我做了許多年的探究。我深入地探究了人維持何種心境能喚來幸福，持何種思想會導致不幸。

這一探究得出了一個結論，那是極為單純，又令人信服的理論。即人的心猶如磁鐵，當自身發出磁力時，就能吸聚鐵砂。當心的磁力與幸福相融時，就會吸引形形色色的幸福事情；當心的磁力具負面性質、表現出不幸的習性時，就會自食不幸之果。我發覺，在這條法則下無人能夠例外。

透過用磁鐵與鐵砂的關係說明，便明顯地體現出了一個道理：「幸福集中於心中持有願眾人幸福的人，幸福會避開不顧他人、只求自身幸福的人。」這道理極為單純，卻是事實。

或許有人會抱怨，說佛創造的世間總是在捉弄人，認為幸福應該要像井中打水一樣，自己想要多少幸福就應該能夠得到多少幸福。然而，只對個人幸福有欲求的人，是得不到滿足的，那些不侷限於追求個人的幸福，更為眾人的幸福著想的人，反而能夠幸福。

我在此絕不是勸人要自我犧牲，讓他人幸福，而是在建議人們應抱持著一顆讓他人幸福之心，才是一條能讓自己幸福的道路。

只是在表面上欲求自己幸福的自私之人，實際上是在做與幸福完全相反的行為。這不是幸福之路，如此想法是一種誤解。

二、祝福的心

那麼，「在盼望人們能獲得幸福之人的地方，會聚集著幸福」，這是指什麼呢？

這個道理之源，來自於宇宙根本之存在。

雖然人們的肉眼看不見，其實，在大宇宙中洋溢著偉大的光能。這股光能促使萬事萬物發展，促進人類幸福。它充滿了創造力，充滿了愛的力量。

這個肉眼看不見的靈性光能，如血管、光纖一般，遍佈、網羅著大宇宙，連結著每個人的心。從大宇宙的中心洋溢不止的能量，流入每個人的心中和家庭，源源不斷。

對這能量的運用，就如同使用水龍頭一般。一打開水龍頭，水就會流出來，關上水龍頭，水就停了。即便有人認為這麼做還不能盡情享受，但若是一直放任水流不管，家裡最後是會淹水的。同理，能量原本是有益的，但必須適度取用自己的需要量。

正如每戶家庭都連著水管，佛光的能量也毫無例外地連結到每一個人。因此，再來就是每一個人如何轉動水龍頭的問題了。譬如，水龍頭有很多種類，有的往左轉是開、往右轉是關；有的往下壓是開、往上拉是關，還有一種剛好相反，水龍頭往上拉是開、往下按是關。每個人的水龍頭是何種構造，都必須親自確認才行。

如此一來，人們必須在水龍頭的開關方式，努力地二選一。即人抱持某種心念，就會透過水管，讓佛光不停地湧出，但抱持另一種心念，就會使其斷掉。

我在前文提到過人擁有讓他人幸福的心願，反而能獲得幸福。接下來探討心存何念為佳，並對需留意的地方做分項說明。

歸根究柢，所謂讓他人幸福的心，就是把水龍頭打開，接受大宇宙湧現出的佛光。並非僅是自己獨享，還應該與他人共同沐浴這佛的能量之恩惠。於是，你還需要學習的，是將如何打開水龍頭的知識傳授給他人。當你能很好地教導他人時，就表示你對水龍頭的使用方法，也已經相當熟練上手了。

不可思議的是，如果僅只為自己引水的話，一時水是會流出來，但隨後會自然停止。相反的，當你傳授他人打開水龍頭的方法時，無盡光能則會滾滾湧現。

三、將心的頻率調向佛的境界

以上是用水龍頭的開關來舉例說明，如果從另一個角度來講，水管是否有堵塞也是個問題。

水管暢通，則水流無阻；水管堵塞，水流則會斷斷續續。這是任何人都明白的道理。水管堵塞，是管道中有水垢的原因，而水垢就是心塵。當心中的不純之念逐漸累積，就會阻塞水管，導致不能接受佛光。這光原本是透明、純淨、完善、美麗的，但流入世間之後，漸漸被染上了各種污垢。

譬如說，每個人都有欲望，這欲望原本並不是惡，它是人們為了生存的動力和意欲，能使生命更加充滿活力，同時也能讓佛賜給人的生命增加光輝。但是，當人的欲望有害於他人時，就會出現負面的結果。

與此同理，多數情況下，原本很純潔的光在流入世間後，會因為人們的想法，而扭曲成各種樣子。可以說，幾乎都是被人們的我欲所污染，形成了污垢。隨之，水管會被堵塞、生鏽，水流也漸漸地變小或變成不純淨的鏽水了。

我在此強調的是極為簡單的道理。總之，將己心的頻率調向佛的頻率，便可以使人幸福。如果人們能夠將自己的心的頻率，調成佛放射的頻率，就能夠接收到光能。

也就是說，佛會發送出電波，只要你將心中的頻率調整為佛的頻率，你即能獲得相當程度的幸福。

那麼，佛神「廣播電臺」播放的「電波」是什麼呢？在這電波裡充滿了愛、智慧、勇氣、正義、希望、喜悅、自由、平等、公平和進步等要素。如果你能把己心調至與其同頻率，就能接收到與你付出的努力相等的電波，亦可以無限地接受佛光之供給。

只要掌握這個訣竅，就等同於得到了無限的財富。財富乃遍及全宇宙，所以切不可認為財富就只是金錢而已，金錢只不過是三次元世間世界的一種表現形式。財富中有「豐裕」之概念，豐裕展現於世間時，有時會以金錢來表達，有時也會以其它形式顯現出來。總之，財富本為創造大宇宙之偉大的佛的要素之一。

四、純真的心

佛相當富有，因為佛是無所不在的存在，是所有智慧的寶庫，是所有財富的寶庫。佛創造了大宇宙中形形色色的星球，並在星球上創造了像人類一般高度進化的生物，並讓他們過豐裕的生活。世人的經濟能力有限，國家的經濟能力也有限，而佛的經濟能力卻無限。這是透過無限的能量、智慧和愛創造「財富」的力量。

我在此向讀者們重申。

「你已經擁有一切，佛已賜予你一切。

對於你所需要的，早已在其欲望產生之前，一切必要的就已在你的身邊。

但是，你們那狹小的心妨礙著它的實現、顯現。這顆扭曲、變形的心，就是你無法幸福之因。」

首先要相信我所言，如此一來，隨著時間之流轉，就能明白我講的道理是真實的。

各位必須要成為持正心之人，要成為一個厭惡邪惡、熱愛正義的人。

各位必須知道「愛」有著普世的最高價值。各位必須肯定財富是為了促使世間繁榮才會顯現的事實。

各位必須知道，讓所有的人幸福乃是增進自身幸福之基礎。

各位必須更加覺醒於「為公而活」的道理。不要把自己封閉在僅是為了滿足自己的小圈子裡，應該堅持一種與人們共建幸福社會的精神。唯有集聚懷有建立烏托邦心願的人們，才能創建真正的烏托邦社會。

雖然以上說了很多，但這些全部都應歸回原點。也就是說，人們所希望的理想社會，始於人們在內心對理想社會的描繪。首先在心中描繪理想社會之雛型，其次建立和諧的家庭，隨之理想世界就會逐漸顯現出來。

我並非向人們建議去做難上加難的事。敞開心胸吧！讓佛之光溫暖你的心靈，以純真的心接受佛的理想吧！心無罣礙才能接受來自佛的能量。

或許有讀者會詢問有無具體的方法。最初我要說的，即是要把持安然、純真之心，這樣就會自然得到恩惠。換句話說，只要以不執著、純真的心去愛佛的屬性，佛的屬性就能深入自己的內心。以上是第一個方法。

五、祈禱的力量

第二個方法，是更加積極的方法，那就是「祈禱」。

可能有很多人尚未養成祈禱的習慣，但祈禱本身具有極大的力量。祈禱是向佛祈禱，亦是向他人祈禱，也是向自己祈禱。

當祈禱發揮了真實的力量時，世界亦會發生轉變。即使是在離開世間的靈界，祈禱仍是一種強而有力，可使光能增幅的有效方法。諸天使時常透過祈禱，聚集能量成就自己的心願，並進一步大放能量。

祈禱能將眾人心念的能量集中於一點，從而使得個人無法成就的事，能夠於世間展現出來。這就是祈禱的真實一面。

總之，祈禱之於世間是光明的武器。

因此，若你想獲得佛所賜予的力量，就請向佛，換言之就請向地球靈團的至高神主愛爾康大靈祈禱吧！

以斷棄了心中邪惡，那純真、無慮的心，誠心地向主祈禱吧！

主啊
請賜予我
您宛如大海洋般的一滴叡智

主啊
請賜予我
您宛如大海洋般的一份慈愛

主啊
請賜予我

您宛如大海洋般的一份富有
主啊
請賜予我
您宛如大海洋般的一份慈悲

如此祈禱就可以了。

佛是無限的存在，祂賜予了森羅萬象無限的可能，你的煩惱只要藉助佛的點滴力量即可解決。你要知道，許多光明天使為了向佛傳達你的心願，不管是靈界還是世間都做著工作。當你向佛祈禱時，轉生到世間的天使們便會前來相助，在靈界的光明天使們也會開始其活動。

所以，對於抱持正心，為促使社會變得幸福的人來說，一切心願將得到成就。只有堅信心願必能成就，才能成為真正的希望。

希望讀者們在閱讀完本文之後，從今天起便在你的內心世界裡成為億萬富翁。你已擁有無限的豐裕，但你將如何去運用呢？在你的內心潛藏著與佛相同的性質，你又將如何運用呢？這一點才是值得留意的。

當你的心願得到佛的認同，並順利實現之際，你又將做些什麼呢？這時，更加堅信美好的事物將層出不窮，希望一切將變得更加美好的人是幸福的人。如此，真正幸福的種子才能深植人心，不斷地發芽、成長，獲得持續的成就。

Chapter

5

財富的本質

第五章 財富的本質

一、財富是基礎力量

本章以「財富的本質」作為主題進行論述，可看作是人們知曉何為「繁榮的法則」之引線。

財富的本意究竟為何？它是善還是惡？這個疑問雖然純樸、簡單，但是古今卻無人能夠對此提出權威性的回答。

這乃是因為，享受財富以及其行為所產生的後果，都要歸屬到個人的問題之上，即對「財富」之因果，難以簡單地做出概括性的定論。譬如，「財富」並非能用「打開電源開關後，電燈會發光」般單純的世間因果，來進行簡單的邏輯說明。

即便如此，它還是有明確的部分。那就是無論人們心裡、口頭上如何肯定或否定「財富」，但是人心的深層均有追求「富有」的意欲。所以若單純地視其為「欲望」，其利弊則很難一言而盡。因為，這個問題與人類生命本身之存在擁有不可分割的關係。在充滿活力的萬物生命中，均潛藏著成長、發展和繁榮的意願，即便是動植物也毫無例外。

以植物的成長為例，財富的本質就是，植物在伸展根莖、茂盛枝芽時，其枝葉在陽光的照射下進行光合作用，進而儲存了養分。

植物在枝葉中儲存養分，是為了成就自身的活動而為之。其自身的活動就是綻放花朵，以及繁衍後代。此外，花的生命活動本身還能夠發揮讓地球環保、為人類提供優美的生活空間等作用，擔任了生活空間極妙的角色。因此，植物在其枝葉中儲存養分的行為，即可視為「善」。

即使有某些植物是從其地下的根莖儲存養分，但應該沒有人會把這看作是「惡」的行為吧。對於將土壤中的養分轉移到自己的根莖之生命活動，是不會被批評為「惡」的。

用此比喻做說明可通用於萬事，例如成就事業，必須多方面累積足夠的營養、基礎力量以及體力、知識、財力等。這些累積行為，其實就體現出了「財富」的本質。可以確定的說，所謂「財富」，正是為了進一步成就偉業時所必備之基礎力量，當然，這個事業須符合佛心。

二、財富與競爭

世上的一切生物都是由複數組合而成，不管是植物、動物，或是人。假使世上只存在一個人，一株植物或者一頭動物的話，將會發生怎樣的情形呢？或許可以獨自佔有「財富」，但在現實中，萬物都是以複數的型態各自去追求「財富」，因此才會產生競爭效應。

就競爭的結果會分出贏家和輸家。但是這裡的贏家、輸家未必是絕對性的，多數情況下是相對性的。之所以在競爭原理下會產生出贏家、輸家，就是因為同類多數存在，彼此各自都在追求「財富」。

又譬如，幾棵樹生長在同一環境中，就會產生既高又壯的樹和在樹蔭下發育不完全的樹。此時，在「財富」的累積上便產生了差異。對此，或許有人會想「這兩者誰才是正義呢？」一方超過其它樹木愈長愈高，另一方只能在其樹蔭下生長得像灌木叢。到底哪一方是正義，哪一方是邪惡呢？哪一方應該被砍伐，哪一方應該被留下呢？

但是，我認為一棵樹不單是作為樹而存在，如果從對社會有益的角色來看，與其生長得矮小，不如長成挺拔的大樹。

一棵高大的檜木、杉木，可以被砍伐製成木屋或其它有用的物品，進而對社會產生貢獻。而發育不良、歪曲的小樹，無法作為材料，頂多是被當作柴火而已。如此，或許在結果上讓人產生贏家欺負弱者的感覺，但是畢竟是那些挺拔生長的大樹，對社會的貢獻更大。正因為有這樣的結果，才會有為了能讓大樹生長地更好，而砍伐那些影響其生長的雜草、灌木叢的行為。我認為，這種行為是為了成就大善，才能受到容許。

就結論來說，與其生長成一堆小灌木叢，不如茁壯伸展成攀天大樹，才能成就更偉大的事業。

三、財富的善惡

在這世間中的「財富」問題，也有非常相近之處。人人財富平均、中等生活是「善」、是正義嗎？所有的人平分貧窮是「善」嗎？或者富裕的人顯露出來是善嗎？如此善惡問題，在歷史中也存在著非常難以評斷的內容。

在過去窮人占多數的時代，不管是諸侯還是官吏，當那些少數富裕的人榨取窮人有限之食糧或金錢時，就會成為百姓怨恨的對象，進而還會受到民眾的攻擊和抗爭，並視此為正義。在那樣的時代，人們僅能平等地分配貧窮，而富裕階層的人，只能生活在貧人的怨恨之上。

然而，這種情況到了近代社會已有所改變。展現於社會已不是公平分配貧窮，而是以公平分配富裕為目標。

近百年來的近代國家為何出現如此的演變呢？這是由於有一些優秀企業家出現，興起龐大的產業，使許多人透過這些事業變得富有。日本在明治時代以後，也出現很多偉大的企業家，結果繁榮了整個社會。同樣，美國亦是如此。這如同先前用大樹做的比喻，在一棵大樹茁壯成長之下，隨之湧來許多分享這棵大樹恩惠的人。這也培養出許多人才，尤其在近百年間，湧現出許多優秀的企業經營家。

我藉由此機會，對以下內容予以明確說明。宗教往往易把「賺錢」的行為作為抨擊的對象，但是專牟私利的「賺錢」與卓越的「經營」完全不同。

若賺錢僅是為了填滿私囊，不顧別人幸福與否的話，的確會成為招怨的理由。但是，若卓越企業經營家的出現、創業和持續地發展，成為能夠養活成千上萬的員工的企業集團，其結果又是如何呢？一個人能夠保證眾多人的生活和幸福，當企業集團發展到不僅為自家企業，還能把「財富」分給整個社會，提升國家的力量，甚至普及全球，擁有拯救貧窮國家人民的力量。對此，究竟應該如何評估呢？

雖然這股力量的泉源是財富，但是它明顯地與被宗教視為惡的「專牟私利」不同，是善，並會轉變為難以阻擋的善的力量。換句話說，可以養活許多人，並使人們幸福的優秀經營成果、經濟原理及其運用，就是「善」。

四、財富的正確使用法

「愛即是施予」，這種想法和豐裕富足的法則完全一致。

而「奪愛」，換句話說即是從他人身上榨取。如果有不管他人的幸福與否，只顧自己是否能夠獲得財富的想法，這個財富不會變大；如果能滋潤人心、帶給人們幸福和成就事業，財富就一定會向其聚集過來，並持久存在。隨之，此人若能在有生之年，利用這些財富進行各種有意義的活動，從而使其財富兩倍、三倍、十倍、百倍地成長起來，這豈不是成功者共通的樣子嗎？

譬如說，國家從收入較多的國民徵收一定比率的稅金，然後將它投資在公共建設、社會福利之上，我認為這種制度非常好。從獲得很多利益的個人徵收稅金，然後分配到其它尚未受惠的地方，這種「財富」的重新分配，是近代國家社會福利當中不可缺少的一環。

只不過，有時會發生政府不能運用地很好的現象，盡是做機械性的徵稅，再做機械性的分配，這可以說是官僚制政府的弊病。然而，若此時出現一位強而有力的經營企業家，就會出現不同的情形了。他必須透過智慧，運用集中而來的財富，這樣才能對社會產生極大的增益，促使社會進步，進而此人的事業也能獲得更大的發展力量。

比方說，近年日本有一位著名的企業家松下幸之助，他備受財富之恩惠，但是他認為比什麼都重要的是，將這財富之恩惠回饋於社會。美國的「慈善之父」安德魯・卡內基(Andrew Carnegie)，在一百多年前也曾研究過財富的使用方法，進而為世上帶來了許多恩惠。

五、累積內心的財富

現今，商業界的成功者有如繁星，但是能夠在心的世界積蓄「財富」的成功者，卻屈指可數。

我認為，所謂心中的財富就是「智慧」。常言道：「當知識有了經驗的累積時，即成為智慧。」只有擁有大量智慧的人，才算是真正的富有。因此，若是能集中智慧、財富的力量，活用於創造美好的社會，我認為，理想的世界就一定會隨之展開。

一個國家的發展繁榮以及其存在，要讓全世界予以肯定，就必須注重心中的財富。社會中的金錢「財富」已很充足，但人們「心中的財富」尚不足，所以充實社會「心中的財富」，已到了刻不容緩的地步。

在一個國家裡，到底誰是智者？誰有智慧？什麼樣的想法才算有智慧？對此都還無法明確地判斷。民主主義的成果，已使許多人活躍於社會上，在思想界也是如此。百年前，著書出版幾乎是讓人無法想像的一件事，但到了現在，作家不斷地湧現，各式各樣的書籍連續問世，更產生了許多文化現象。

但面對如此氾濫的現象，我們很難分辨到底什麼是有價值，什麼是沒有價值。世上有些知名人士，即便他有知名度，但我們還是不能確定他是否是一個真正具有價值的人。這可以說是鉛字文化、電視文化所延伸而出的一種弊病吧！究竟誰才是具有智慧的人，這如同剎那間出現的文化一般，難以分辨與理解。

我認為在這樣的時代中，為了能孕育出像過去史上的智者，每個人都有必要修正自己的生活態度。

其中一種生活態度，就是加強學習。如果只是受限於閱讀書報、雜誌當中有限的文字，或只是一味地吸收電視媒體所報導的情報，雖然是看了許多雜亂的資訊，但其知識的層次絕對不高。不論這個時代的資訊如何氾濫，具有優秀思想的作品只有少數人才寫得出來。所以為了能夠發現那些優秀的思想，我們必須勤奮地閱讀好書，認真地學習。

此外，為了讓心靈富有，我們必須過豐裕的生活。所謂豐裕的生活，是指物質及精神這兩個方面。假如過於受物質束縛，則無法擁有精神上的豐裕。為了讓精神豐裕，就必須遠離對心靈有害的事物，每天充分吸收有用的知識。

到目前為止，我已談論了各種與財富有關的話題，以下要再次回歸原點對各位讀者做說明。

如果要問「追求財富之念頭」到底是善還是惡，答案即是

「善」。如果能運用這種「善」對世人做出奉獻，其力量就會被大大地發揮。

人類也是生物的一種，必定也有其成長的法則。在這成長的法則中包含了「積蓄財富的法則」和「繁榮的法則」。我認為，依據這些法則，忠實地面對人生，並好好地掌握方向，讓世界變得更美好是很重要的觀念。

我期待終有一天，人們在物質及精神上都能變得富有，並將其運用在使更多人能夠幸福的方向。

Chapter

6

成功哲學

第六章　成功哲學

一、天賦的資質

世間的成功方法不勝枚舉，相關的書籍在書店也堆積如山。但我認為成功的法則，歸根究柢屬於人性論、做人的哲學。因此，我在本章將論述可獲得成功的人性論、做人的哲學及人際關係論等內容。

首先，必須要認識到此議題的起點，即一個人能完成的工作量是非常有限的。即便是多麼有能力的優秀之人，也無法完成百人、千人的工作量。當然，若只談工作的品質，一個人成就千萬人的工作是可能的，但這種情形無非是該人就任於具有很大影響力的職位，並著手關鍵性的工作時才會出現，否則僅靠個人的力量，是成就不了大事業的。所以在與眾人相處的人際關係中，如何共成大業，即是成功哲學的出發點。

但我必須在此提醒，僅想靠做人的哲學便獲得成功，實際上在執行時並不是一件容易的事。我認為，如果把成功做人的哲學誤解為是利用他人的成功學，就大錯特錯了。首先，其人本身需成為必會實現成功的人物，才能夠構築起為成功奉獻的良好人際關係，關於這一點還請不要誤解。若誤解了這一點，自己不具備相當的器量和能力，只企圖依賴他人的力量獲得成功，其結局常常是一敗塗地、慘不忍睹。

此類事例不需一一列舉，在各位的人生經驗中，也一定見識過一、兩個人的失敗經歷吧。或許這並非他人之事，你也有過類似的經歷。

人大約可以區分為幾種類型，首先有靠自己的力量開拓人生路的人，和依賴他人的力量生存者兩種類型。這是最原始的兩類型，但在此之上，還有轉變的類型。有些人，在靠自己的力量努力開拓道路的過程中，逐步鞏固了成功的感覺，隨之又獲得他人的協助，並在充分地運用他人的同時，進一步追求自我發揮。

此外，在同樣是借用他人力量的人之中，也有不同的類型。有人是完全他力思想，毫不考慮自己能力的打拚而失敗，並且不僅僅是失敗，還要把這個失敗歸咎於他人或環境。而另一種人，在重視人際關係的同時，充分發揮協調的性格，最終把握住了成功之機。

我必須在此提示一個根本要點，即你本身必須做一個能夠成功的人，才有可能透過與多數人的互動，來獲得更大的成功。假如你只想依賴他人的幫助而求成，畢竟會像陷入了泥潭的小船一樣，雖欲航行脫險，卻只能被泥潭吞食沉沒。

若用別的方式表達，要獲得成功，就必須具有一個根本性的原動力，必須具備向成功飛躍的跳板。

當然，相當於這塊跳板的因素可分成許多種，若按照重要程度的順序列舉，首先即是理想，以及信念、勇氣、能力和經驗等，換一個角度，還有才能、財產也是影響成功的因素。

無論是哪一個因素，最重要的是，當檢視自己的內心時需要認清，自己是受了佛的恩惠，才有今生的存在，這是不可忘記的。如果自己是受了佛的恩惠才能享受今生的存在，那麼，佛必定賦予自己某種重要的存在武器，有必要做這樣的思考。

各位不能不知在自己的內心深處，仍潛藏著巨大的寶物。這個寶物是什麼呢？譬如說頭腦好是一種廣泛的說法，其中包括會讀書學習、腦筋轉得快、善於交涉，或是企劃能力強等等。如此，我們可以觀察自己潛在的最大特徵為何，以及最強的武器為何。

這就是追求成功的本錢。在創立事業之前，需要有開業資本，有了本錢才能進貨、加工、銷售和獲得收入。同樣，為人處世想要成功，也需要有本錢，這本錢就是潛藏於內心的天賦資質。

二、努力的品質與續航力

談及天賦資質時，或許有些人覺得自己不是那樣的料。其實，有這種想法的人不只你一個人，就連在此論述成功哲學的我，也曾有過這樣的念頭。

處於如此情況下，應該怎麼辨呢？佛對於每個人都是非常公平的，對天賦資質不足者的教導，就是要靠後天的努力去彌補。

那麼需要付出多少努力才能夠獲得成功呢？其答案是，成功與否，取決於努力的品質與其持續時間的比例。有些努力較短時間就能夠成功的人，其才能的品質比較高。可是大部分的人並非如此，通常需要花上五年、十年，或者是更多的時間才能獲得成功。

因此，才華橫溢的人具有優越的條件，但是切不要炫耀自己的才能，應該衷心感恩佛，懷著謙虛的態度不斷努力下去的話，敵人會減少，同伴會增加，從而能夠進一步開創成功之路。而才能尚有不足的人，謙虛即是起點，必須孜孜不倦地努力向前邁進。

拿鍛鍊身體來舉例，一日之間想練就出強壯的身體是不可能的事。或許有人想在短時間內鍛鍊身體，在一兩天之內勉強自己做大量的運動，結果不但身體練不好，甚至會使身體受到損傷。相反的，若是每天做一個小時左右適度的運動的話，身體便會在不知不覺中強健起來。

同理，每天在工作上一點一滴地努力累積，逐漸就會邁向一個難以置信的境界。

三、獲得靈感的條件

（一）打好能讓自己獲得靈感的基礎

此時，關鍵是千萬不要錯過成功的契機，所謂成功的契機可從兩個主要方面詮釋。

其一是靈感。

若你是一個時常追求成功的人，在追求成功的過程中時而會產生靈感，這是良好的創意。譬如，忽然想到若與某人合作必能夠有所成就，發現某個工作今後將會成為熱門生意等，敏銳地觀察到常人視而不見的價值，這種靈感其實非常重要。對此，在觀察成功人士時，針對這一點可以看出，與其他未成功的人相比是極為不同的。即使是生活在同樣的環境中，成功者的靈感總是比較多。我認為，靈感的品質愈高，數量愈多，就愈能在各方面獲得成功。

作為一個企業經營者，需要不斷更新每日的創意。一個創意可以使新商品暢銷，但如果只滿足於現狀的話，這家公司就絕不會取得進一步的發展。我認為，當一個創意帶來一次成功之時，若仍能不斷地思考如何精益求精，尋找改良的空間、提高服務品質、改進公司的經營模式等，能如此接二連三地挑戰的人，一定會獲得更大的成功。所以各位讀者若有成功之志向，就需要懂得靈感的重要。

接下來講述持有何種心態，才能產生靈感。

首先，獲得靈感的前提，即是必須保持朝著一定的目標，時時刻刻努力的姿態。當然有時也會有尚未做任何努力就出現的天降靈感，這種事畢竟大多近乎偶然。但是人朝著一定的目標不斷努力的話，靈感降臨的頻率也會隨之增加，這並不是偶然的產物，而是會成為一定實力的表現。換言之，人與人之間在獲得靈感上亦有實力差異。

隨著基礎能力的提升，靈感出現的頻率也會增加，其品質也會獲得提升。而另一方面，基礎能力不足的人，往往只是一時興起的想法，一旦行動起來，常常漏洞百出、一事無成，到頭來還要走回頭路，不僅浪費了時間、浪費了金錢，也浪費了人力。相比之下，常思考、勤勉學習的人，其靈感具有一定的確實性，好的創意，會在各種嘗試的過程中，提高成功的機率。

這樣可厚植靈感基礎的實力。

（二）愛心

接受良好的靈感的第二個條件，即是愛心。人如果能夠常為更多人的幸福著想，對他人持有愛心，願更多人生活快樂，想幫助更多人，那麼靈感降臨的頻率亦會愈來愈高。

然而，只關心自己的人，即使是針對自己應該做的事情，也難以產生靈感。由於其他的人生活在各種環境、近乎無限的條件之下，因此，若你的關心是朝著想讓他人幸福的方向，觀察形形色色的人，並為他們的幸福、為他們帶來喜悅著想的話，那麼，創意不斷地湧現出來，便是理所當然的事了。

在經濟學上或許稱這種思想為市場導向，但我並不想單就這個詞彙做片面解釋。我認為，關心眾人，並將這個關心扎根於愛之上，就會不斷地被賜予良好的靈感。這正是因為他人的多樣化，所以接受的靈感也就隨著變得多樣化。

（三）光明的生活方式

產生良好靈感的條件之三，即是時常保持心懷光明、充滿希望的思想。

心懷著強烈的幸福感覺，眺望著晴朗的天空，愉快地度過每一天，如此生活便會發覺有很多幸福的種子。反之，若總以黯淡的心情度日，能想到的每件事，不是自己總是受人欺負，不然就是想要去欺負別人。

要獲得良好的靈感和創意，保持光明的心必不可缺。天空被烏雲遮蓋，地上就無法接收陽光，同樣的，心中有陰暗面時，就無法接受希望之光。良好靈感的出發點就在於對未來充滿希望，因此，對未來不抱希望的人，所獲得的靈感是悲觀的，而且不會為自己帶來幸福。所以，不和總持悲觀思想的人密切來往，或許是上策。有時，原本很有活力的人，當與陰暗之人談話後，就變得情緒低落，對所有事感到厭倦、想法守舊，把整個世界看得黯淡不堪。因此，不和思想黯淡的人長久交往，盡可能保持距離才是聰明之計。

如果每天都保持開朗、充滿希望的心情的話，你遇到的人也逐漸會是一些內心充滿光明的人。或者說，你能夠吸引內心充滿光明的人，因為任何有幸福心願的人，會尋找能為自己帶來幸福的人。如果你是願意分享幸福的人，當然人們就會朝你身旁聚集。總而言之，持有光明的心、建設性的心和積極的心，便能聚集眾人，並且降臨良好的靈感。正因為如此，有志之士會為了實現你那良好的靈感聚集而來。

透過過去的經驗，我已經清楚地證實了這是百分之百的真理。要開拓和發展善業，就必須保持如此心態。

以上闡述了以自身努力為起點的「光明的生活方式」，其實，這亦是成功哲學的出發點。

四、做有魅力的人

想成為成功者，首先必須要做個有魅力的人。

什麼樣的人才可以說是有魅力的人呢？如何為有魅力的人做出定義呢？這是指具有可以吸引他人的性格的人。那麼，什麼樣的性格能夠吸引人、獲得他人的注目、受人尊敬和能夠獲得他人好評呢？

首先，具有魅力的人必須是有實力的人。這種人具有很強的能力，做了眾多努力有所累積，具有引導他人的才能。所以想要成為有魅力的人，就必須先成為一個具有實力的人。這不是指如何去獲得別人的支持，而是讓自己堅強起來，提高自己的能力，構築良好的人際關係，必須持有這樣的態度。

具有魅力人格的第二個條件，就是我前面講的，要養成光明、開朗的個性。不管是頭腦再怎麼好的人，如果一天到晚都死氣沉沉的話，就不會有人想接近，與其合作的人也難有成就感。唯有抱持開朗的笑容，充滿生命之活力，才能散發出吸引人的魅力。

所以，讀者們務必要把笑容掛在臉上，開朗地過每一天。對於開朗的價值，即使再怎麼樣強調也不過分。心想成功的人首先必須保持開朗，然而要保持開朗，心中就必須沒有煩惱，這一點很重要。此外，要保持開朗，注重健康問題也是前提之一。再者，要保持開朗，在人際關係上沒有糾葛尤其重要。

具有魅力人格的第三個條件，即性情溫和。就連小朋友見到和藹可親的人也會自然地聚集過去，因為這是人的本能所能感覺到的。若想聚集眾人的力量去完成大業，就必須持有溫和、容易親近的性格。但這絕非是指嬌縱的做法，而是以類似包容心的溫柔去關愛、培育他人。

就某種意義上來講，當無包容心的人率領眾人時，就是一場悲劇。即便這個人有多大的才華，頭腦多麼優秀，經驗如何豐富，但是做為領袖，若此人器量狹小，就會產生悲劇。因為，如此聰明的人常常會像拿著剃刀一般，將他人的缺點一一挖出來，或者其話語會像利刃一樣刺痛他人，故從這點可以看出包容心的重要性。

具有包容心的人，即便他人在工作上犯了一些小錯誤，是會予以體諒的；無包容心的人，一旦看到別人出錯，就會嚴厲指責，口出刻薄之言。這一點與人際關係上的成敗緊密相連，所以人需要培養包容心。

然而，這包容心又是從何而來呢？總而言之，它來自於愛心和理解他人之心。愛心是指施愛之心，在自己能力所及之處為他人奉獻之心。理解他人之心，則是指要理解他人的心境和心態，立足於對方的立場，體諒他人之心。當人具備了愛心和理解之心，才能使包容心逐步成長起來。

以上，我從各種角度做了講述，所謂成功的做人哲學無非是指「如何持有成功的心」的學問。若能做到持有成功的心，剩下的就是要去好好地培養人際關係，而這個過程即是成功哲學之王道。

Chapter 7

展翅飛翔

第七章　展翅飛翔

一、冷靜地審時度勢

當「幸福科學」大躍進之際，我想多數會員們必會為發展時刻的到來感到喜悅吧。獲得了近乎奇蹟般的大發展，現今已展現在我們眼前。

到底有多少人能夠預想到，如此似怒濤般的發展潮流和威力呢？世人會為我們學習和實踐真理的發展力量感到震驚。奇蹟正在展現，它就發生在我們的眼前，我想有如此感受的人不是只有我一個人。

在此強而有力的發展背景之下，如何使其獲得成就，並更上一層樓呢？我在此向讀者講述一套行之有效的思考方法。

首先，在發展活動之中最須注意的一點，就是不能被這股發展的能量所翻弄，而迷失自身的處境、以及整體的流向和狀態。雖然人有時會激動得欣喜若狂，但在興奮之餘必須保持冷靜。在興奮的漩渦中仍能淡定觀察，是使事業健全發展、成功修正前進的軌道所必須的。

如何冷靜地觀察事物呢？冷靜不是朝發展能量上潑冷水，也不是降低發展的熱情，所謂冷靜地觀察是指保持宏觀遠見，用心去對自身所發射出去的炮彈、方向、距離和落點加以分析。我認為，具備冷靜觀察的能力，是對發展能量做理性、合理地運用所不可或缺的一點。

人一旦興奮過度，常會胡亂發射炮彈，不顧自身的能力一味拚命，按捺不住要獲得成功的心情。在打拚人生當中也需要具有冷靜的觀點，當發射出大量炮彈時，或許會對振作精神、提升勇氣和消除不安有些幫助。但要是炮彈無法擊中目標，到頭來只是一種浪費。

我認為，成功的關鍵不在發射炮彈的數量上，而在於如何集中火力，使之有效地擊中目標。我希望讀者們能夠時常保持冷靜，看清自己將採取怎樣的行動，其目的是什麼，以及將會產生何種效果。這需要人們在每天結束前，認真地反省一天的所作所為。

在反省時，回顧自己的目標是否有了成就？其方法是否正當？是否獲得了滿意的結果等。反省之餘發現仍有未逮之處時，就需要進行重點式的分析，這樣做可以使一天成為有效率的一天。

這不只能讓自己每天充滿創意，亦是一種將反省與發展連結起來的思考方式。

要連結反省與發展，就需要在擁有熱忱的同時，保持冷靜的觀點。這並不是說對炮彈爆炸聲充耳不聞，而是指保持似能觀察出彈道般冷靜的心。

所以，必須在愈是熱情、愈是高昂的情況下提醒自己要保持冷靜。為了讓自己的生命能夠活出最大的光明，讓自己所屬的團隊發揮出最大的能量，就要在維持熱情的同時保持冷靜之心。

可以說，人若不瞭解自己，就很難有實在的未來。同樣，若團隊的成員們迷失了自我，也就未必能把握住美好的將來。所以不論在何種活動當中，都不可忘記必須保持一顆細緻、冷靜的心。

二、沒有愛就沒有真正的發展

接下來要講的是與「發展的原點」的關聯性。「幸福科學」的基本教義為現代四正道，即「愛、知、反省、發展」。其中，「愛」與「發展」並非是互無關聯的教義。我認為，從愛中可發現發展之原點。

愛源自於佛，傾注於眾生，然後普及於人們心田的愛，再向更多的人們放射，就形成了發展的型態。

愛當中本來就宿有發展的原型，因此，我們所追求的發展也就一定是愛的實證。有句話說：「無愛的發展，意味著死亡。」這句話並非點綴之詞，它還意味著「發展其本身，事實上存在於愛之中，是愛的一種顯現形式，是愛的成長型態」。

若要以愛心對人，在其努力的方向上，與其只關愛一個人，不如關愛兩個人、三個人、十個人、百人、千人、萬人。各位的人生僅有幾十年的時間，在此過程中所能遇到的人也很有限。我們在如此有限的時間和空間中生活，就應該對每一天的時間，要像對每一粒砂金一般地珍惜。我認為，要想不浪費宛如砂金的時間，就應該感謝佛恩，就應該以愛心求發展，除此之外別無他法。

那麼，人又為何需要求發展呢？這是因為人擁有愛心，這個愛來自佛的賜予，人來自於佛的創造，所以愛需要成長，以發展的姿態展現出來。

不知讀者們可否理解這層深意呢？我想說的是，若追求沒有愛、僅具外表形式的發展，這樣的發展是毫無意義的。在傳佈真理時，將愛融入每一個傳道行為之中，是非常重要的。

愛心應該融入在向人贈閱真理書籍之中、融入對人關心的話語中、融入對事物的觀察眼光中、融入人生中的每一步、融入伸出的手掌中、融入給他人的一張便箋上。在自己傳道的每一個細小的行為上融入愛，如此才是關鍵。

愛是從小事發展而來，是從身旁的事物開始。希望讀者們在小事上注入愛，把愛注入在信封上、注入在貼郵票的手指上、注入在寫地址的字裡行間中、注入在撥電話的手指上、注入在打招呼的話語中。當別人陷入痛苦或苦惱的時候，能夠毫不猶豫去關愛他人，時時持有愛心是極為重要的一件事。

我必須一再重申，在發展的同時，不可忘記「愛心」。

三、自信與實力

第三點我要講述的是，面對發展需要增強自信與實力。自信與實力密切相關，有自信，實力就會湧現；有實力，自信能更加的深遠，

自信與實力是互相影響，一起發展起來的。

自信的根源何在？我認為其根源在於理想，在於做為佛子的理想。人來到世間，絕非單為生存，而是為了實現崇高的理想、為了實現佛的理想、為了實踐做為佛子的使命。信守此心念的人，無疑可活出自信的人生，由此可知對使命的自覺是何等的重要了。

切記，即便是從使命感湧現出的自信，若你沒有實際成績，有時從他人的角度看來，就好像狂妄自大和自我陶醉罷了。

雖然你自己並沒有這個意思，旁人卻認為你太過於自信、目中無人。因此必須培養出真正的實力，有實力就會有所成績。若要知道自己具有何等實力，只要觀察自己的成績、業績即可，它會如雄辯般證明出你的實力。我認為，只有自信與實力保持均衡，才能夠實實在在地成為發展的原動力。

以下講述如何確認成績還有業績的問題。最簡單的做法就是，確認位於時間軸上的自己所處的定位，回顧比較一下一年前、半年前、一個月前的自己與現在的自己有何不同。

如果不論是在判斷事物、成果、洞察力等任何角度上，都確定自己有了著實的進步的話，這不但表明你在生活中正累積著功力，同時也暗示著一個美好未來即將展現出來。

假如人生是過去的累積而來，那麼，亦有充分的可能累積出美好的未來。我認為重要的是，能否對自己的成長做公正客觀的評價。

有些心念黯淡的人往往給自己偏激的評價，好似拿放大鏡去挑自己的失敗、錯誤和挫折的一面，而完全不去關心自己的進步。如果明白自己是負有神聖使命的佛子，就應該對佛子的足跡做正當的評價。

不能正當評價自己的人，又如何正當地去評價他人呢？所以不能忽視對自己的行為做正確的評價。因為在自我認識的過程中，自信才會湧現出來。

我希望讀者們時常把「自信與實力」銘記在心，時常捫心自問：「現在的自己是否有自信、有實力？能否培養出自信和實力？即便尚無法達到自我滿意的水準，但如果確實現狀有比半年前、一年前進步的話，就表示自己的腳步是扎實的。」如此思考至關重要。

四、展翅飛翔

以上，我講述了面對發展的幾個心法，最後我要闡述的是「展翅飛翔」，希望讀者們能夠銘刻在心。

至今，讀者們的努力只是以路上奔跑為目的而已，或許像鴕鳥那樣以全速奔跑為目的。要知道，至今的努力甚至是今後的努力，都是為了一口氣騰空飛翔。

我希望讀者們獲得悠然飛翔天空，俯瞰山川、河谷，堂堂正正的人生之體驗。

不飛翔，到底何來成功之有！

不飛翔，到底辛勞有何意義！
不飛翔，到底努力有何意義！
不飛翔，到底過去所做為何！
必須振翅高飛才行。
必須要往天際飛才行。
今後唯有無盡地飛翔。
唯有無限地振翅高飛，才能夠履行身為佛子的使命。
用愛、智慧、反省以及發展的心願展翅飛翔吧！
這就是今天聚集於「幸福科學」的人所需要的訊息！

Chapter
8

發展思考

第八章　發展思考

一、與佛的承諾

本書提示的「發展思考」，與人們常見或期待的世俗成功理論有所不同。在我的眼中，無論是地球，還是太陽系、宇宙，在永恆的時光中，宛如潮起潮落，分分秒秒均在變遷著。人的一生，實為短暫、無常、剎那的時間。

可是，到底有多少人能夠認識到，在自己的生命中貫穿著無限的時間呢？又有多少人能夠確信這一點？每想到此，我就會發出一種如滄海一粟般的感慨。儘管如此，我仍須要向人們傳達真相。至今，多數人過於把地上世界認定為自己的立足點，甚至連自己的人生，也只是透過世間的立場予以定論。

但是，希望讀者們能夠傾聽我言。就如同我過去一直傳達的那樣，人本是靈性的存在，肉體並非自己生命之所有，唯有宿於肉體之中的高貴存在，才是人的本質。

「宗教」能夠讓在世間忘卻了一切的人，回想起其真正的本質所在，並教導其何謂本來的世界、心靈和靈魂的故鄉。為了滿足人們「求知」的根源性意欲，才有宗教的存在。渴望認知本來的世界以及本來的自己，求知欲也就會湧現出來。為這求知欲奉獻的，便是各種學問、道德以及教義了。

可如今，當我們綜觀展現在眼前的思想全景，就會發現過去眾多降生於世間的光明指導靈，他們所累積的努力都似要化為泡影了。我看到，只是地上人口數量不斷地增加，如潮湧般朝著下游無止境地流逝而去。

首先，有了「佛」，佛以意念創造了宇宙。宇宙間有太陽系，然後有地球。佛願「要有如我一般，能夠自由思考的存在！」因此以意念創造了人類的祖先。

人類的祖先即是佛子。是故，人類曾對佛有過承諾，即在佛所創造的世界裡，以佛所傳達的教義為準則生活。佛依其承諾賜予了人類永恆的生命。假設這條承諾是可輕易背棄的性質的話，那麼佛也就未必要對永恆的生命做保證了。然而，佛在知曉人類是易犯錯誤的存在之同時，至今依舊保證著人類有永恆的生命，保證著人類屢次的輪迴轉生世間，持續做著靈魂修行。

佛子不會忘記這條承諾，但是其靈魂後裔的現代人類，卻似乎早已忘卻了自己的承諾。假如不能遵守「以佛的教義為生活準則」之承諾，就免不了會失去有永恆的生命之保證了。可是，即便人類幾百、幾千、幾萬次違背這條承諾，佛卻依舊執行著最初的承諾，在永恆的時光中默默地守候著。因此，各位必須要回想起自己原本是怎樣的存在，覺醒本來的使命！我現在所講的，是從各位讀者的立場思考的內容，絕不是什麼困難的內容。人類絕不是偶然被創作出來，會像陶偶一般毀壞的存在。當能夠自覺到人的本質在於貫穿著永恆的生命靈魂時，人生價值觀就會有全新的改變。當你如此自覺到時，你的生命在此瞬間就會如玻璃珠變成鑽石般閃耀，就會粉碎原來把鑽石當作玻璃珠的錯誤看法、邪見，顯露出真實之光。

我曾多次重申，即便人們把這個世間視為出生的故鄉，但總有一天要離去。在閱讀我這本書的讀者中，沒有人能活到一百年之後。這個世間並不是人類的永存之地，人的靈魂故鄉才是本來之歸宿。人是幾十年前，從靈魂的故鄉轉生到這個世界來的。

二、佛眼中的實相

（一）靈魂的兄弟姐妹與轉世輪迴

當今有很多思想敏捷且優秀之人，以攻讀醫學等為志向，日以繼夜地勤勉學習。然而，世間學問卻是何等的悲哀啊！不管再怎麼去鑽研學習，也未必能從中瞭解到，人在做為胎兒出生之前，就已具有一個完整的靈魂。人們也未能理解到，死後另有靈魂的歸宿。因此現代人必須意識到，人們只是活在用「愚昧」都難以形容的低層級世界裡。

靈魂在母親懷胎前就已經存在，靈魂，在各自做出了自己的人生計畫後，誕生到這個世界。

所謂人的靈魂，並非單是一個小靈體，而是由一個小組構成。其中，有一個靈格程度較高的為「本體」，其餘五個為「分身」。這六個人每隔幾百年依序輪流轉生世間，並共享世間的修行經驗。這一結構的可貴之處，便是無論誰獲得了世間的經歷，都可當作六位成員的共同經驗和智慧。

（二）佛的理想

即使是被當今世人推崇為具有最高價值的民主主義，若從佛的角度來看，也仍有莫大的可議之處。本來，人在向佛立下誓言後，被賜予了永遠的靈魂修行之機會，但是奉行佛法無數次輪迴轉生的人們，如今卻忘記了佛，迷失了正確的基準，而對事物力圖以人頭數去定出「正確」的基準。

如此一來，現在很多靈格較低的靈轉生到了世間，要是單以少數服從多數的裁決方式的話，地獄性思想將會逐漸蔓延這個世上。當今看似已進入了隆盛時期，實際上卻已走到了即將墮落至深淵之邊緣。

實行民主主義之必須前提，即首先要承認佛的存在，誓願為佛而生，探究何為自身之正道，生活以佛為理想、目標而努力精進。若人們都能如此生活，多數人的意見才有其正確性。當每個人都能遵守佛的教義，為實現佛的理想努力之時，多數人的想法才能真正接近理想的境界。唯有如此，才能創造出完美的世界。

反之，若人忘了根本，將會發生怎樣的情形呢？假如世上的每件事物，都得仰賴利己主義者的多數決，其結果不堪設想。須知，我們正是處於這種青黃不接之際。

（三）何謂死

此外，前文的話題若是回歸醫學觀點，現代的醫學家至今仍無法回答「人死後將會怎麼樣」，這實在太癡愚了。這個單純的事實，不用說兩千年前，就連一萬年前的人都知道，而現代擁有最高知性的人卻不懂，在實質意義上來講，這真的能說是擁有最高知性嗎？這不得不令人產生「是不是哪裡不太對」之感。

包括最近議論紛紛的腦死問題也一樣，人的生命究竟是什麼？人們迷失了這根本性的問題，似乎把生命誤解成是大腦機能和內臟器官的活動、血液的流動。

然而，靈魂是真實的存在，這才是本質，才是主體。若是認同這個觀點，就必須用靈魂的觀點來看待人的生命。即將往生的人，必須安詳、平靜地接受死亡的事實，做好前往靈界的準備。如果把人比成機械，就是極為令人遺憾的事情。

人之死，並非指腦波停止，也不是指心臟停止跳動。真正的臨終是指，宿於肉體的靈魂脫離，靈魂與肉體相連接的「靈子線」斷開之時。一旦靈子線斷後，靈魂便無法再返回肉體了。此外，有很多瀕死體驗的報告。譬如說，當病患處於瀕死狀態，住院接受手術治療時，他的靈魂游離出來，看到自己在接受手術的情形等。或者也有人體驗到曾前往天國之後，又奇蹟般地回到這個世界並甦醒過來。有些人相信這種報告是事實，有些人認為這只是大腦幻覺現象等等，各有不同的意見。

但是，我在此要告誡讀者們，如今，在世界各地均有類似的瀕死體驗報告發生，其實這是在靈界的靈人們的籌劃下進行的。其目的，就是為了讓世人覺醒到確實有靈魂及靈界存在。通常，因病身故之人，宿於其肉體內的靈魂也會同樣陷入病態。譬如，肉體患有心臟病的話，其靈魂也會呈現出與心臟病同樣的狀態；當肉體罹患了癌症的時候，其靈魂也會感受到癌症的痛苦。如此，心與肉體在完全相連的狀態修行，這即是人的真實姿態。

在瀕死體驗中，當靈魂脫離了肉體，自身沒有任何痛苦。這是靈界的光明天使在協助讓此人體驗，否則通常靈魂是不會那麼輕易地從肉體中脫離出來。人在死去時，其靈魂絕大多數都感受著與肉體同樣的痛苦，逐步產生靈魂之自覺。

只不過，即將落入地獄的靈魂，幾乎會陷入無法從肉體脫離的狀態。因為這些人生前都認為人死後一切都完結了，其意識執著在肉體上，所以不到自己的肉體被焚化時就不知道自己已死。更有甚者，即使自己的肉體已被焚化了，尚且無法反應過來。

有些人在往生後能立即返回靈界，因為他們在生前早已領悟真理，其心時常能夠與守護靈、指導靈交流，所以臨終時他們便會前來迎接。相較起來，如此之人的靈魂，容易順利地與肉體分離。

可是大多數的人在死亡之後，還不知曉「自己已經死了」的這個事實。因為他們不相信靈界的存在，不知靈魂的存在，更不懂佛的存在。由於不知何謂死，所以靈魂只能留在肉體中而別無選擇。最後變成沒有歸宿、無依無靠的幽靈，那就是現狀。

也因此，針對腦死者的器官移植議題來說，若器官提供者充分地領悟了真理，或是抱持著「為其他需要延長壽命的人，提供自己的肉體」的想法，當然，這或許也是一條菩薩道。但如果移植了抱持著

「人死後皆無」的思想之人的器官，那麼不管是醫生還是患者都犯下了一個嚴重的錯誤。在捐贈者不同意的情況下，醫生就會犯下相當於殺人的罪，若患者是在自己的意志下做出決定，那麼醫生的行為就相當於幫助自殺。像這樣不知真正的靈性知識與現狀，以醫學進步為名進行器官移植，其結果，就是妨礙了許多人返回靈界的旅程，這實在是令人遺憾之事。

如此合乎情理之事，為何現在的知識人不想去瞭解呢？這實在令人費解。

三、真正的知的「權利」

（一）佛創立的真理

我在前文中曾經提到民主主義的話題，民主主義之根基，即在於個人的參與意識。為使個人的參與意識能夠得到確保，就必須對「知的權利」予以保障，否則，民眾就無從對事物做出決定。因此，就必須有人能保障「知的權利」，如此一來，報章媒體的存在價值得以提升，人們對於大眾媒體的尊敬也會提高，從事大眾媒體的人們便能開展有如民主主義旗手的工作。

可是，這其中亦有一個大陷阱，若這個行為對原本的存在及對佛的承諾視而不見，就會促使一股很大的反作用力發生。對於身為佛子的人類來說，無法改變佛創立的真理，因為這是自宇宙之始的根本法則。這就如同數學忽略了定理，公式便無法成立那般，人類若忽略了宇宙的根本法則，也就無從有健全的日常生活及社會的發展了。或許人類會產生取得了發展的錯覺，但遲早會崩潰。世人把社會陷入混亂的狀態錯認為進化發展，這是一個相當嚴重的事態。

就像第一章提到的一樣，現在，有許多大眾傳播媒體者們的靈魂，在死後一個接一個地落到地獄，而升上天國去的卻變得非常少，這是因為他們生活在世間時，其心已通向阿修羅地獄。阿修羅地獄是以鬥爭和破壞為主的黑暗世界。媒體若是舉發不法，那倒是另當別論，可是明明自己沒有那般立場或權限，甚至分不清到底何為正確的情況下，就對他人加以陷害、痛批、死追不放，打著糾舉不正行為的旗號，實際上卻死攪蠻纏地做著害人的事，甚至認為鼓吹揭發問題，才是記者工作的本質，但這其實是通往地獄之路。

這些走在通往地獄之路的人，如何能夠打造民主主義的基礎呢？又如何能夠為大眾提供健全的判斷基準呢？自然是不可能做到的，這是很難的。僅屬於個人的事也就算了，但我希望他們千萬要停止在大眾健全的思想上蒙上陰影，不要牽扯眾人一同前往地獄。

人類無法改變佛最初創立的真理，能夠予以改變的唯有佛自身。只要佛自身不改變真理，人類就只能在其法則下，選擇最美好的人生。

只有撒旦和惡魔，才會妄想依自己的方便和想法去改變佛創立的真理。他們抗拒佛所創立的法則，總是隨心所欲、為所欲為，還會反問：「這樣做有何不對了？就算有錯也是佛的錯！」這就是棲於地獄的撒旦本質。

這些原因都可以歸結到「忘記了最初與佛的承諾」這一點上。逐步迷失了實相而過於傲慢自大，隨之，其傲慢之罪便現形了。

(二) 宗教的復權

想要認識原本世界的實相是人的天性，真正的「知的權利」，即是對心靈世界的認識權利，是人的本質的認知權利。若人不知死後將何去何從、不知有什麼在等待著自己的話，又如何知道怎樣才能度過美好的人生呢？正因是普通人才想知道。但現今無論是教育還是道德等等，沒有任何事物能夠滿足普通人的這種要求，甚至還有人不把宗教當一回事，現代宗教在社會上得到了何種程度的承認呢？很多人忘記了宗教是必不可少的，宗教在傳達人們最需要的教誨。

我們生活在如此價值顛倒的世界，每日被各種有害的想法毒害。或許讀者感覺不到自己正在被毒害，但正如同魚兒游在工廠排放的污濁廢水池中，漸漸地受到了毒害一般，當這個世界日益混亂和滿布地獄性思想時，生活於其中的各位也免不了受到污染。因此，宗教的復權乃是當今之大事，闡明真實的佛的教義，進而學習，是極為重要的。傳播真理的工作，遠比世間企業活動之總合更為重要。

四、因無知而犯下的罪過

雖然不確定現在一年當中有多少人死亡，但假設一年之中有一百萬人死亡，其中無疑有近乎五十萬以上的人會落入地獄。很多人已下了地獄，或即將下地獄。就在各位讀者悠閒生活和學習的這個瞬間，每年都有很多人落入至地獄之中。

落入地獄的人，很少有人在世時就認識到了真理。這是因為在認識了真理之後，就難以去過錯誤的人生了。正是這樣，大多數人才都由於不知真理而過著錯誤的人生，因無知而犯下的罪過是極為嚴重的。

雖然有些人認為所謂地獄，是過去的佛教等等為了恐嚇人、讓人不要行惡而編造出來的思想。但是，地獄是實際存在的，如同佛教所說的那樣，地獄活生生地存在著。

我時常靈視到在地獄受苦的人，並常會感嘆：「這難道還是人嗎？他們活著的時候是與世人同樣穿西裝、打領帶、有頭銜和有高收入的人。可是往生之後，靈魂脫離肉體回到靈界，其心態即是其本身存在的原貌，所以黑心的人死後的形態，即是與其心態特徵相稱的醜態，以如此樣貌活在地獄中。」

即便生前是一個有美麗面容的女子，如果她的心變得邪惡，走錯路的話，那麼不管她如何喬裝打扮外表，在失去了肉體之後，她的心就會表露出來，其美麗的外表即刻會變成一個醜陋的形態。

反之，一位容貌並不出眾的女性，如果她的內心充滿了信仰，充滿了對世人的博愛，走的是正確的人生路的話，那麼在她死後，其美麗的心靈便會顯現，展現出充滿莊嚴神聖的美麗姿態。男性在判斷女性的美醜時，不可只看世俗外表，還必須看她的內心，因為這才是決定她將來姿態的因素。

這對男性來說也同樣，一個頭腦清晰、優秀的男子，如果他以愛心為社會設想並指導世人，他死後一定會回到美好的天國，回到我們稱之為「光明界」的六次元世界。這六次元世界是能夠教導人們的人才能去的世界，是持有能夠教導他人的內涵，並持正心、心地清靜的人才能去的世界。

然而，同樣是頭腦清晰也很優秀的人，如果其心出現了錯誤，沉浸在權力欲望、自私自利之中，常無情地誹謗別人、引人誤入歧途的政治家、學者或企業家，其死後必定會墮落到無間地獄去。

人在往生後會前往到一個符合其心境的地方，如果要用視覺來描述的話，那是一個漆黑的世界。在那裡，有的人被困在沼澤裡，又有的人被困在洞窟中動彈不得，還有的人就像徬徨在漆黑的沙漠中，走不到盡頭，也見不到任何人。除這些孤獨的地獄之外，還有一個名為阿鼻地獄，極為痛苦的地方。那裡是一個地獄靈們彼此責難、心無停歇的地獄。從另一層意思上講，那也是不斷自我責備的自責之念。因為己心中有致使別人發瘋、困惑的心念，從而招來了相同程度的反作用力。

另外，還有對現代人常呈現出來的畜生道、動物界的地獄。在那種地獄中有很多以動物形態生活的人。譬如，過去曾是老太太的人化為大蛇，痛苦地翻滾著，還時常顯現於世間附身於人，纏繞在活人的肩或腰上使人痛苦。其靈體外表已不為人樣，而是動物的形態。雖然在過去的電視靈異現象節目中，有很多蛇、狐狸等動物靈，但那些其實並不是真正的動物，而是人心退化成動物的形態。實際上，在靈界，心念中最具代表性的特徵會顯現出來，這也是很多現代人犯了錯而去的地獄。

如此結果其理由何在？那是因為他們迷失了做人本應具有的心，而轉以動物的本能處世。也就是說，滿足私欲的生活方式，與動物的生存方法沒有兩樣。因此，回到靈界後需要以那種形態，來面對反省的時期。無論如何，我希望同樣過著人的生活的人們，不要落入到那個地獄去。我認為，在百萬人當中有五十萬以上的人已墮落的情況下，藉此告誡人們有這種危機，應當懸崖勒馬的道理，是刻不容緩的事。如果看到有人闖紅燈、有人有即將跌落深淵的危險，卻對這些視而不見的話，那是最下策和最不能寬恕的事了，可是世上這種人卻大有人在。

這些人死後還需受幾十、幾百年地獄痛苦的煎熬。若人在生前便能夠接觸到真理，並基於真理而過活的話，就能避免這種痛苦，這不就是信守人的尊嚴之本意嗎?

地獄並不是為了懲罰、折磨人而創造,而是以人心為起因所造就的。由於世間是物質世界,所以心念未必能完全呈現出來,但在靈界心念即實相世界。

如果與我們共同生活在世上的同胞們,將來有可能跌入地獄的話,向他們伸出拯救之手,是合乎情理的事。有些人對此持懷疑的態度是他的自由,這也是無可爭議的事實。我那持續的靈性體驗告訴我,這是百分之百的真實,毫無質疑之餘地。

如果現代的無神論者,或不知有另一個世界的存在、不知心靈的人,將墮入地獄的話,其結果會怎樣呢?如何才能脫離地獄、如何去拯救他們呢？

要脫離地獄，唯有行正道而別無他法。端正己心、朝佛的方向精進是唯一的出路。但若是不知佛制定的法則，有如陷入迷途一般那也無可奈何。所以，活在世上時學習真理是難能可貴的。

五、阿羅漢的境界

接下來，讓我們將靈眼轉至天上界，看一看那又是何等的境界。

在四次元的幽界中有一個「精靈界」，那是花草盛開的世界。雖說是四次元，卻是比人間世界更美麗的世界。

五次元世界亦被狹義的稱為善人界，是善男善女前往的世界。夫妻曾有過和睦生活，並各自在自己的職業領域中認真工作過的人，往生後其心靈會回到五次元善人界。在五次元世界中有務農、從商等世間所有的職業，應有盡有。在這裡也有很多相處和睦的夫婦，他們不會在人背後指指點點，而是做事圓滿、心地端正的人、彼此祝福，這個世界的生活是比地上人間世界更安然美滿的世界。在此已沒有刻意要去傷害他人的人，人們的關係彼此和睦友善。

在其上還有六次元光明界，對此前文已有所著墨，這裡通常是被稱做老師、教導他人的指導者去的地方。這裡不光是指學校的老師，主要指立足於引導他人的立場，教導人們正確的人生觀，指引正確道路的人。

雖然在這六次元世界當中還有高低層次之不同，但從整體上來說，居住在這裡的盡是卓越的人。讀者們或許有過類似的經驗，與一群優秀的人聚會時，會受到他人的啟發，並產生自己應該加倍努力的心情。當來到了六次元世界時，就有機會與優秀的人們相識，彼此相互指教、互惠學習，從中獲益匪淺。六次元世界所散發的光芒，要比五次元善人界更加光彩奪目。

在六次元世界內的上層靈域，即阿羅漢境界。居住在阿羅漢的人們須具備如下條件：斷絕內心的煩惱、以正心過生活、力行悟道修行、以光的天使為目標，做光明天使的後備軍。我在此重申，人們只要於今生今世有了真理的覺醒，信仰佛而努力、不懈地精進，那麼任何人都可以達到阿羅漢的境地，人人都具有這種可能性。

六、以菩薩的世界為目標

接下來，在阿羅漢世界之上，展現著七次元菩薩界。繼續往上，還有八次元如來界，以及大如來前往的九次元宇宙界，或者是被稱為「太陽界的世界」。九次元是救世主的世界。對大多數人來說，無法提升到八次元如來界之上的九次元宇宙界。由於九次元世界是沒有進行悠久的修行累積便不能到達的世界，在此我勸告各位，應該要以進入菩薩的世界為目標。

靈界是百分之百的存在，我對此可以保證，死後的靈魂都有其歸宿的世界。因此，靈魂的歸宿絕不應該是沙漠、沼澤、畜生寄生的地獄，不應該是爭鬥不休的阿修羅地獄，不應該是自欺欺人的地獄。人至少應該回到優秀的人生活著的六次元光明界，或是透過努力回到七次元菩薩界。

菩薩界是充滿光明、光彩奪目的世界。若以世人的視覺來描述的話，其道路有如用鑽石鋪成的光道，房屋也似以寶石砌成。

菩薩界中居住著各個國籍的靈人，是一個真正的國際社會。人們超越了教派之別，相互友愛。譬如，以耶穌為師者，便學習基督教義；以釋迦牟尼為師者，便在此學佛等。唯有老師有所不同，但絕不會為此而互相傷害，不會視他人為異端而互相咒罵。即便是不同的老師，人們也都能夠互相理解、謹守本分工作，這樣的人能夠居住在菩薩界。人與人本是同胞，或許在世時曾抨擊過其它的宗派，但在心靈實相世界裡不會發生如此的事情。雖然在工作職責上略有差異，但大家都還是能互相友愛和理解。

菩薩界的人們，就是在如此美麗的世界裡，每天過著充實的生活。他們的日常生活大致是早上向佛祈禱作為開始。在開始工作之前，懷著這樣的心情進行祈禱：「感謝佛賜予自己如此使命，但願今天也能有良好的工作表現，能夠拯救更多的眾生。」

其中，有些靈人負責到人間世界做引導人的工作。若從天上界的角度來看，這是歷盡了千辛萬苦，但成就卻極少且相當費力的工作。有些靈人為了讓人間世界能夠得到更大的發展，在靈界鑽研各種思想技術等等；有些靈人的工作職責是到地獄世界去教導那些深陷於地獄的人；有些靈人作為天使，指導剛往生不久來到靈界的人；還有些靈人是到下層次元界，在類似學校的地方指導眾人。菩薩的工作就是如此，以教誨引導作為中心。

菩薩們有時也會聚會學習，有來自如來界的老師進行指導，透過各種授課做各方面的學習。所有的靈人都滿懷對佛的感謝之心，沐浴著佛賜予的光明，每天勤奮地工作著。菩薩的世界就是這種以助人為樂、拯救眾生的指導者所前往的地方。

雖然六次元光明界的居民也都很優秀，祈求著自己的發展，但畢竟是持有以自我為中心的價值觀。然而，菩薩的世界即是完全「利他」的世界，人們都只專注於如何才能夠拯救眾生的問題。我希望讀者們都以回到這個世界為目標，否則，僅限於世間性的發展是毫無意義的。即便世上有很多成功理論，但是要能夠貫穿世間與靈界，並回歸這光輝的世界，才可作為理想。

為此，人生活在世間時，應該以向佛祈禱作為一天的開始，做有益於人的工作，認真學習真理，誓願創建光明的世界、佛國淨土，共勉和睦、攜手精進，這樣的人將能夠前往菩薩界。能夠把此視為自身之喜悅的人，此人的心靈即是菩薩。

若假設閱讀本書讀者的平均年齡是四十歲的話，那麼平均大約還有四十年左右的人生。那麼，如何用接下來四十年的人生去引導、幫助更多的人則是關鍵。

請努力吧！但願各位能夠引導萬人，並使其與真理結緣，點燃眾人心中的法燈，去拯救眾生吧！如果能做到引導萬人的成績，大致就能夠進入菩薩界了。雖說要進入菩薩界並不容易，但反過來想，這也是只要經過同等的努力就能夠進入的世界。

請讀者們在今後的幾十年進行挑戰，引導萬人進入正道。使人們覺醒於真理而不至於落入地獄。同時讓更多的人為創建光明的世界、佛國淨土共勉協力。在這之中，你必會發現這即是提升心靈的最廣闊大道。

從前我曾講述過「常勝思考」，也就是如何將世間的所有苦難、困難昇華為自己力量，使之成為一條勝利的人生大道。

與此相對，「發展思考」則是超越世間，從靈界的觀點，讓自己、世間、人類以及社會得到發展的思想。從靈界、從心靈歸宿的世界的非世俗性觀點，思索自己的工作，提升自己的心境，讓世界上的一切充滿光明，這就是「發展思考」。

各位的立足點不可置於三次元世界上，應該讓自己站在七次元菩薩界，並且捫心自問：「自己究竟該做些什麼？該完成什麼工作？理想的社會是指什麼？」那麼，發展之道自會向你敞開。

後記

繼大受好評的《常勝思考》、《工作與愛》（皆為幸福科學出版發行）之後，本書應該也會受到上班族或追求成功之人的歡迎吧！

再怎麼說，沒有比發展更快樂的事了。本書是我在「幸福科學」的會員人數急速發展至好幾百萬人的時候所寫的。在日本的歷史上，被認為是空前絕後的「幸福科學」急速成長的奇蹟祕密，已被眾人討論無數次。所以，本書的效用已獲得實際驗證，對此我有著堅定不移的自信。

請你也務必體驗一下貫穿現在、未來之間的發展吧！

幸福科學集團創立者兼總裁
大川隆法

國家圖書館出版品預行編目(CIP)資料

發展思考：讓無限財富受你吸引而來的正向心法／
大川隆法作；幸福科學經典翻譯小組翻譯. -- 初版.
-- 臺北市：台灣幸福科學出版, 2020.07
200面；14.8×21公分
譯自：発展思考：無限の富をあなたに
ISBN 978-986-98444-6-8(平裝)

1.新興宗教 2.靈修

226.8 109008639

發展思考

讓無限財富受你吸引而來的正向心法

発展思考：無限の富をあなたに

作　　者／大川隆法
翻　　譯／幸福科學經典翻譯小組
主　　編／簡孟羽、洪季楨
封面設計／Lee
內文設計／Lee

出版發行／台灣幸福科學出版有限公司
地址／104-029台北市中山區中山北路三段49號7樓之4
電話／02-2586-3390　傳真／02-2595-4250
客服信箱／info@irhpress.tw
法律顧問／第一法律事務所　余淑杏律師

總 經 銷／旭昇圖書有限公司
地址／235-026新北市中和區中山路二段352號2樓
電話／02-2245-1480　傳真／02-2245-1479

幸福科學華語圈各國聯絡處／
台　灣　taiwan@happy-science.org
地址：台北市松山區敦化北路155巷89號（台灣代表處）
電話：02-2719-9377
官網：http://www.happysciencetw.org/zh-han
香　港　hongkong@happy-science.org
新 加 坡　singapore@happy-science.org
馬來西亞　malaysia@happy-science.org

書　　號／978-986-98444-6-8
初　　版／2020年7月
定　　價／新台幣360元

廣	告	回	信
台北郵局登記證			
台北廣字第5433號			
平			信

IRH Press Taiwan Co., Ltd.

台灣幸福科學出版有限公司

104-029 台北市中山區中山北路三段49號7樓之4

台灣幸福科學出版　編輯部　收

請沿此線撕下對折後寄回或傳真，謝謝您寶貴的意見！

發展思考

讓無限財富受你吸引而來的正向心法

大川隆法 Ryuho Okawa

台灣幸福科學出版有限公司

發展思考
讀者專用回函

非常感謝您購買《發展思考》一書，
敬請回答下列問題，我們將不定期舉辦抽獎，
中獎者將致贈本公司出版的書籍刊物等禮物！

讀者個人資料　※本個資僅供公司內部讀者資料建檔使用，敬請放心。

1. 姓名：　性別：□男　□女
2. 出生年月日：西元　年　月　日
3. 聯絡電話：
4. 電子信箱：
5. 通訊地址：□□□-□□
6. 學歷：□國小 □國中 □高中／職 □五專 □二／四技 □大學 □研究所 □其他
7. 職業：□學生 □軍 □公 □教 □工 □商 □自由業□資訊 □服務 □傳播 □出版 □金融 □其他
8. 您所購書的地點及店名：
9. 是否願意收到新書資訊：□願意　□不願意

購書資訊：

1. 您從何處得知本書的訊息：（可複選）□網路書店　□逛書局時看到新書　□雜誌介紹　□廣告宣傳　□親友推薦　□幸福科學的其他出版品　□其他

2. 購買本書的原因：（可複選）□喜歡本書的主題　□喜歡封面及簡介　□廣告宣傳　□親友推薦　□是作者的忠實讀者　□其他

3. 本書售價：□很貴　□合理　□便宜　□其他

4. 本書內容：□豐富　□普通　□還需加強　□其他

5. 對本書的建議及觀後感

6. 您對本公司的期望、建議…等等，都請寫下來。

IRH Press Taiwan Co., Ltd.
台灣幸福科學出版有限公司